MAGISTERIO

Chávez Muñoz, Maritza

   Palabreando sueños : adivinanzas, trabalenguas, retahílas y coplas como estrategias en el aula / Maritza Chávez Muñoz y Victor Miguel Niño Rojas. -- Bogotá : Cooperativa Editorial Magisterio, 2007.

   110 p. ; 21 cm. -- (Colección Aula Alegre)

   Incluye bibliografía.

   1. Adivinanzas 2. Juegos infantiles 3. Trabalenguas 4. Preguntas y respuestas infantiles 5. Coplas I. Niño Rojas, Víctor Miguel II. Tít.

793.73 cd 21 ed.

A1107690

CEP-Banco de la república-Biblioteca Luis Ángel Arango

Maritza Chávez Muñoz

Víctor Miguel Niño Rojas

(Autores - compiladores)

Palabreando sueños

Adivinanzas, trabalenguas, retahílas y coplas como estrategias en el aula

MAGISTERIO

MAGISTERIO

Palabreando sueños

Adivinanzas, trabalenguas, retahílas y coplas como estrategias en el aula

Autores - compiladores

© Maritza Chávez Muñoz
Víctor Miguel Niño Rojas

Libro ISBN. 978-958-20-0898-7
Primera edición: 2007
Reimpresión: 2018

© COOPERATIVA EDITORIAL MAGISTERIO
Diagonal 36 bis No. 20-70 (Park Way - La Soledad) Telefono: (571) 3383605
Bogotá, D.C. Colombia
www.magisterio.com.co

Dirección General
ALFREDO AYARZA BASTIDAS

Ilustraciones
JONATHAN AGUDELO
MARITZA CHÁVEZ

Contenido

Introducción

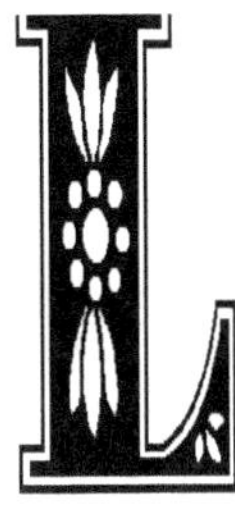

La presente obra pretende ser una cita del lector con las palabras que deleitan y enseñan. Se trata de una cita con las palabras que despiertan el espíritu por medio de sus trinos y cantos, como aves matutinas, que vuelan del pensamiento al corazón, del corazón a los labios o al papel, de ahí al oído o a la vista, y de aquí nuevamente al corazón y al pensamiento.

Así las palabras se buscan, se agrupan, toman alas y rompen las ataduras para divagar por los aires de la libertad. Hacen filas y se entrelazan como cogidas de la mano, y endulzan sus sonidos con la armonía que dan los versos y las estrofas. Entonces configuran unas de las formas típicas de expresión popular: las retahílas, trabalenguas, adivinanzas y coplas.

Estas expresiones, que brotan como mensajeras portadoras de un significado humano, van dirigidas a lo más hondo de la personalidad de quienes las leen, dándoles una oportunidad para saborear las letras, avivar la reflexión y aprovechar sus enseñanzas. En sus fascinantes vuelos por los recónditos senderos del espíritu, las palabras esparcen solaz, recreación y humor, como si hicieran caricias y cosquillas a quienes gustan de ellas. Elevan y fortalecen el alma, alegran, educan, iluminan, abren caminos y horizontes, ennoblecen el sentimiento, afianzan la solidaridad y permiten que compartamos nuestros buenos o malos momentos.

Con el propósito de contribuir al deleite literario, y al mismo tiempo apoyar la acción educadora del maestro en el aula, se presenta una recopilación de la tradición oral y escrita que se viene transmitiendo por generaciones, desde el mismo instante en que las personas se valieron del uso de las palabras.

La humanidad debió sentir la necesidad de utilizarlas para crear historias y acertijos con ritmo, música y poesía. Los versos, las adivinanzas, las retahílas, las coplas, etc., se repiten una y otra vez para proporcionar curiosidad, expectativa, asombro y hasta risa; en especial a los niños y las niñas, también a los jóvenes y las personas adultas que afloran el espíritu infantil que llevan dentro, para darle paso al deleite. A las madres y padres de familia para que compartan con sus hijos e hijas, y a las profesoras y profesores que con su decidido esfuerzo y compromiso, se valen de ayudas como ésta, para enriquecer el ambiente escolar de sus alumnos y alumnas, para todos ellos y ellas va dirigido este libro.

Como es sabido, la tradición oral y escrita posee un merecido valor, evoca recuerdos enterrados en el tiempo y recrea situaciones de diferentes épocas en las que fueron y para las que fueron creadas y escritas. Se leen y se releen con la misma expectativa que tenemos todos los seres humanos de asombrarnos y gozarnos la inmensidad y musicalidad del lenguaje.

Hemos querido también compartir con el lector nuestras propias creaciones, nuestras propias adivinanzas, retahílas, trabalenguas y coplas. Son piezas rimadas, que exaltan los valores de la naturaleza y del ser humano, y que recogen inquietudes del momento histórico que estamos viviendo. Los temas plasmados en ellas, buscan reflexionar y generar cambios de actitud en lo hondo de la personalidad.

El valor de la naturaleza quizás se encierra sabiamente en la sentencia *la naturaleza es vida y la vida es la naturaleza*. La invitación al lector es para que, con el goce de algunas de las piezas escritas, disfrute de un viaje de colores, con sombras que asombran, oruguitas amarillas, capullos de seda y hasta ranas que se esconden; palabras y más palabras que aconsejan sembrar en sus corazones semillas de amor y respeto, regarlas día a día, con acciones sencillas, para tratar de salvar la naturaleza que aún nos queda, verlas florecer, como gotas que prolongan la vida y así soñar con un mundo mejor.

Los lectores se encontrarán con palabras pintadas de verde. Sucede que cuando caminamos despacio y tranquilamente por alguna zona verde, parque o bosquecito, a veces nos detenemos a mirar y a admirar la belleza de las flores, la variedad de las plantas y la majestuosidad de los árboles que sólo se ven interrumpidos por el vuelo caprichoso de los pájaros, las mariposas y otros insectos que seguramente, nos hacen pensar en la grandeza del paisaje. Respiramos profundo y llenamos los pulmones de aire puro, que oxigenan nuestras células y nos garantizan la prolongación de la vida. Entonces nos inspiramos y descubrimos la magia de las palabras, para rendirle un merecido homenaje a tan maravilloso espectáculo: la naturaleza.

Acorde con los propósitos anteriores, el libro consta de las siguientes partes:

- Una parte introductoria con orientaciones pedagógicas y didácticas para el docente, tendientes a facilitarle su labor en el aula, mediante el uso del presente material.

- Presentación del material literario, organizado en cuatro secciones, según géneros: retahílas, adivinanzas, trabalenguas y coplas. Cada sección comprende, a su vez: una reseña teórica sobre el género correspondiente; una compilación de piezas de diversos autores y populares, y una selección de piezas propias, en cada uno de los cuatro géneros.

Estrategias pedagógicas y didácticas

Promoción del desarrollo integral infantil

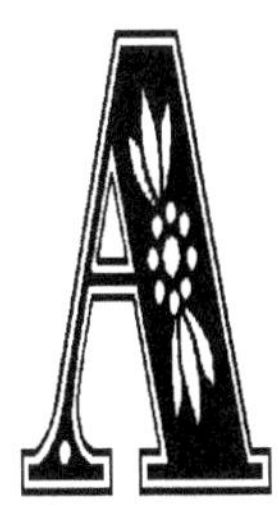 demás de recrear a los lectores –alumnos, docentes, padres de familia u otros–, un propósito fundamental de la obra es enriquecer la didáctica practicada por los docentes y dinamizar las actividades escolares, en especial en la educación Básica Primaria. Esta aspiración se basa en la necesidad que tenemos los maestros de buscar las mejores estrategias para superar la rutina y obtener óptimas satisfacciones en nuestra labor educativa, lo cual es posible si logramos en los niños y niñas verdaderos cambios que incidan en

su formación integral. Al respecto son muy significativas las palabras de Baquero, Cañón y Parra (1996), cuando afirman: *Se ha concluido que el adulto (maestros y padres) debe entablar una comunicación de verdadera entrega con el niño, adquiriendo un serio compromiso ante el proceso de su desarrollo, teniendo en cuenta sus habilidades, limitaciones, necesidades y fantasías a la vez que estimula y motiva su expresión creadora, su imaginación y su inteligencia.*

Las manifestaciones populares de la cultura, como son las piezas literarias de este libro, representan un excelente material para abordar la lectura y el disfrute literario y, al mismo tiempo, cultivar la mente, despertar la sensibilidad, abrirse a la creación, reflexionar sobre los valores y los diferentes aspectos de la vida, en sus lágrimas y sonrisas, en sus éxitos y fracasos. Pueden constituir una magnífica oportunidad para responder a los anhelos y necesidades del niño, y para contribuir a su formación integral, de acuerdo con lo que solicita el Ministerio de Educación Nacional (1998):

El niño es un ser sensible, que trae consigo sus sentimientos y pensamientos; necesita ser tenido en cuenta, querido, cuidado. Necesita descubrir e intercomunicar sus emociones, sus creencias y las nociones que tiene de las cosas en un clima de confianza, porque de esta manera puede madurar emocionalmente, conocerse y vivir sana, creativa y felizmente. Esto se logra en la medida en que le sea posible recrearse, desarrollar su imaginación e intuición, liberar y reconocer su expresividad, desarrollar habilidades, intercambiar sus puntos de vista, reconocer y apreciar su patrimonio cultural y espiritual y conocer su historia.

De lo anterior se deriva la necesidad de propender por el desarrollo integral de niños y niñas, por parte de las instituciones educativas, los docentes, padres de familia y demás personas que inciden en su formación. En otras palabras, se trata de buscar los medios para promover las dimensiones del desarrollo humano que según el mismo MEN son: la dimensión corporal, cognitiva, comunicativa, ética, espiritual y estética.

¿De qué manera el uso y aplicación del material escrito del libro podría contribuir al desarrollo de estas dimensiones? En primer lugar, dentro de la dimensión corporal, los niños y niñas pueden incrementar su capacidad perceptiva y el desarrollo equilibrado, mediante experiencias lúdicas asociadas al lenguaje. Muy adecuados al respecto resultan ejercicios para la percepción y valoración del sonido, la rima, el ritmo y la secuencia de versos. Si la lectura o el recital se integran al canto, la danza y el movimiento, los efectos didácticos son sorprendentes. Al respecto ayudan mucho las representaciones, dramatizaciones o recitales por pareja, lo que es más fácil valiéndose de trabalenguas, retahílas y coplas.

En relación con la importancia del juego en la educación, Arroyo (1994), afirma: *el hombre, paralelamente a la razón, también construye espacios para la fantasía, para el asombro, para el deseo. En ese sentido la escuela debe crear y dinamizar espacios para el juego, como parte de la formación integral del hombre.*

La promoción de la dimensión cognitiva se orienta al desarrollo de la mente en su función de aprehender el mundo mediante el lenguaje, según el principio: *el niño es un ser que piensa, que recuerda y que aprende* (MEN, 1998). La idea es que el niño se eduque en y para la "comprensión" (Morín, 2001), despierte su sentido crítico y despliegue su capacidad creativa y productiva. Las piezas propuestas, por ejemplo, las adivinanzas y retahílas, están llamadas a cultivar en niños y niñas una mente activa, ágil, perspicaz y aguda. Despiertan el sentido de la observación, el raciocinio, la imaginación y la solución de problemas.

El uso del material apoya muy directamente la promoción no sólo de la competencia lingüística en sí y la formación literaria, sino también la competencia comunicativa. A ello conducen el ejercicio de leer mentalmente o en voz alta, el recitar individualmente o en grupos, el escuchar y también compilar o producir sus propias piezas. El material también se presta para que los docentes impulsen el diálogo y la conversación, alrededor de temas, no sólo de español, sino de todas las áreas: la comunidad, la cultura, el ambiente natural, la educación ciudadana, la educación ética, los valores, etcétera. Basta revisar, sin ir muy lejos, la temática de cada una las piezas escritas.

Aunque no parezca, las coplas son una poderosa estrategia didáctica para apoyar el aprendizaje en el aula, tanto en lenguaje como en las demás áreas. Veamos lo que dicen al respecto Mariana Baquero, Nora Cañón y Omar Parra (*Literatura infantil*, 1996):

A nivel pedagógico [las coplas] *son un recurso inagotable, que alegra reuniones, se presta para dinámica de grupos, para enlace y transferencia de aprendizaje entre distintas asignaturas y áreas: literatura, geografía, historia, ciencias naturales, etc., dado que se pueden fomentar trabajos de grupo interdisciplinario. A nivel literario son una muestra de creación popular elevada a nivel estético, merced a la cual se fomenta la creatividad, se cultiva el oído hacia el ritmo, se agiliza la mente en la combinación de ideas y se mecaniza el manejo de la rima. Es un elemento socializante que fomenta no sólo la creatividad individual sino la colectiva.*

Además, los niños y niñas se ponen en contacto –de una manera lúdica– con el idioma de sus mayores, enriqueciendo su repertorio léxico y sus modismos, y captando la rima, el ritmo, el verso y la estrofa.

Es bien sabido que toda sociedad se propone educar a los miembros de las nuevas generaciones no sólo para la supervivencia, para la vida personal, sino también para la convivencia. Entonces surgen –dentro de la dimensión ética– la promoción de valores. Qué mejor estrategia que el goce de las piezas escritas, como las presentes. Todas ellas transpiran valores por doquier: el amor, el respeto, la alegría; el amor a la naturaleza, a la vida, etcétera. Con estos se logra elevar el espíritu y desarrollar la dimensión espiritual. Varias de nuestras piezas literarias elevan el alma y proclaman al unísono un himno al Creador.

La lectura, recitación o creación de adivinanzas, retahílas, traba-lenguas o coplas despiertan en el niño la sensibilidad estética. Como afirma el Ministerio de Educación (1998), ésta es *una manera particular de sentir, de imaginar, de seleccionar, de expresar, de transformar, reconocer y apreciar nuestra presencia, la de los otros en el mundo; de comprender, cuidar, disfrutar y recrear la naturaleza y la producción cultural, local y universal.*

Si el material del libro llega a las aulas, también contribuye a la promoción de las dimensiones socioafectiva, social y cultural. Pues es el mejor instrumento para canalizar la expresividad, la imaginación y la fantasía y establecer relaciones e interrelaciones, entre los miembros de la comunidad escolar. ¿Qué tal si organizamos eventos como festi-vales o bazares en que los niños y niñas hagan sus presentaciones en público, apoyados por la danza y el disfraz? Qué bonito sería seleccionar las piezas (por ejemplo, retahílas y coplas) según el interés, o crear las propias piezas que expresen el sentir de la comunidad.

Promoción del gusto por la lectura

Muchos de nosotros –directivos, docentes, padres de familia, entidades educativas del Estado– nos quejamos a diario de que los niños y las niñas no leen. Se la pasan viendo televisión o se ocupan en juegos y otras actividades lúdicas.

Lo peor del caso, es que no se les proporciona el ejemplo. No leemos. La mayor parte de lo que hemos leído en la vida, lo hemos hecho por necesidades prácticas o por exigencias de otros, por ejemplo, como tareas obligadas, y muy pocas veces por gusto, por curiosidad o por placer. *¿Y si en lugar de exigir la lectura el profesor decidiese de pronto ´compartir´ su propia dicha de leer?*, pregunta Pennac (1997) en su hermoso libro sobre la lectura, *Como una novela*. Gran verdad. Compartamos nuestras lecturas con nuestros alumnos, leamos y gocemos con ellos, y nos sorprenderemos con los resultados.

Es mucho lo que se ha dicho y escrito sobre la lectura, y sobre su promoción en la escuela. ¿Cómo lograrlo? Si nos detenemos a pensar, tal vez sea útil reflexionar sobre cuatro puntos: qué leer, quiénes, cuándo y cómo.

El qué leer es importante: la mayoría de las veces exigimos que los niños y niñas lean los textos escolares o determinados cuentos, pero sin considerar si son de su agrado. Y si la lectura es una tarea odiosa, peor. Pennac (1997) afirma: *La lectura es la peste de la infancia y casi la única ocupación que le asignamos. (...) Un niño no estará interesado en perfeccionar el instrumento con el cual se atormenta; pero ponga ese instrumento al servicio de sus placeres y pronto se aplicará a pesar de usted.* No es malo que el niño lea los textos escolares, los cuentos y demás materiales recomendados por el maestro. Pero empecemos por acercarlo al material que le agrade, le sea atractivo y esté a su alcance, que puede ser precisamente el de las adivinanzas, retahílas, trabalenguas, coplas u otro similar. Y quitemos la presión escolar, familiar, cultural y social sobre la lectura.

El material más apropiado para introducir el gusto, el sentido lúdico, está constituido por las adivinanzas y los trabalenguas. Sabemos que estas piezas recrean la mente, motivan, suscitan la sensibilidad y agudizan el oído. Son un juego. Un juego en que se combina la agudeza de la inteligencia con la expresión de la curiosidad, humor o burla, y con la presentación de situaciones ilógicas y auténticos disparates, lo cual despierta el interés en los alumnos y les aporta placer, puerta de entrada a la lectura.

¿Quiénes están implicados en la promoción de la lectura? Todos. No sólo los niños y niñas. Los docentes y también los padres de familia. Por eso resultan de suma importancia las campañas que suelen realizarse esporádicamente en nuestro medio cultural y educativo, motivando a leer.

¿Cuándo leer? No hay receta para ello. Entre los diez derechos del lector que cita Pennac (1997) está precisamente el de leer cuando uno quiera y en el lugar que le parezca. Sin embargo, el aula debiera convertirse en un jardín de lectores. Y esto es bueno, aunque el escenario natural es el hogar –lo que pocas veces sucede, no sólo por la televisión "invasora", sino porque la casa ha delegado la mayor parte de sus responsabilidades a la escuela–.

En esta difícil labor de promover el gusto por la lectura en los niños y niñas, se sugieren estrategias como las siguientes:

- Organizar actividades en las que los niños y niñas lean, por ejemplo las retahílas, y las ilustren dibujando o modelando figuras en plastilina u otro material.
- Igualmente organizar recitales, por ejemplo de coplas: puede ser que cada alumno del grupo se aprenda una copla y la recite, o que dos niños lo hagan frente a los demás. Esto permite, además ejercitar la voz, la entonación y la expresividad.
- Las coplas también se prestan para acomodarles música, como lo hacen los trovadores populares.
- Si se quiere utilizar el material para el aprendizaje de determinados temas o valores (comunidad, medio ambiente, familia, lenguaje, etc.), se les puede sugerir que busquen piezas o textos, por ejemplo, adivinanzas o coplas que tengan que ver con dichos temas.
- Bien atractivo para el niño puede resultar un juego, utilizando por ejemplo, las adivinanzas: un niño dice a otro una adivinanza y éste busca respuesta y así sucesivamente. Pueden darse pistas (frío, tibio, caliente).
- Muchas adivinanzas, retahílas y trabalenguas encierran un acertijo o un disparate. Un ejercicio interesante es que indiquen cuál es el disparate y lo expliquen o representen.
- En fin, el material puede prestarse también para enriquecer el vocabulario, por ejemplo invitando a los niños para discutan qué quiere decir determinado vocablo, cómo se expresa lo mismo en lenguaje corriente, indicar modismos, etc.

Fomento de la creatividad mediante la palabra escrita

La creatividad está asociada a la expresión de la sensibilidad y al desarrollo de la imaginación, la lúdica, la aplicación de la inteligencia a la solución de problemas y, desde luego, la producción escrita. En palabras de Kimberly y Bentley (2000), es *desplazar la atención desde lo que los alumnos han de aprender hacia lo que deben ser capaces de hacer con lo que aprendan*. Por eso creatividad y competencias, entendidas como una aplicación del conocimiento, andan parejas. Por su parte, Baquero, Cañón y Parra (1996) entienden la creatividad así:

Con este término se quiere significar aptitudes creadoras que se manifiestan en diversas formas, calidades e intensidades, ya sea como idea, inspiración, intuición, imaginación, productividad, originalidad, inventiva, innovación, descubrimiento y espontaneidad. El universo de la creatividad, es el universo del hombre, la creación es un recurso que el hombre necesita para vivir.

Desde un punto de vista didáctico, la creatividad tiene su aplicación en distintos campos de la práctica educativa: la plástica, el canto, las manualidades, el lenguaje, la matemática. Y se aplica tanto en la construcción del conocimiento, como en la solución de problemas, en el vuelo de la fantasía, la expresividad, el desarrollo lúdico, el despertar del asombro y el interrogarse acerca de sí mismo y del mundo.

En el presente caso, la creatividad que se quiere fomentar en el niño es la que se relaciona con la palabra. La palabra en su práctica oral y escrita. La creatividad en la palabra les da alas a los niños y ni-ñas, los hace libres, les abre la mente y el corazón para sensibilizarlos a la cultura y potenciar su habilidad de expresión. Hablamos de una creatividad que ponga a prueba el goce con el lenguaje, el ingenio, la búsqueda, la escritura…

La palabra libera y democratiza, como lo afirma Rodari (1999): *Todos los usos de la palabra para todos, me parece un buen lema, con un bello sonido democrático. No para que todos sean artistas, sino para que nadie sea esclavo.*

Es un lugar común hablar del relato, del cuento, del contar historias, como casi la estrategia más importante para llevar al niño a que exprese, que haga literatura, que escriba. No se desconoce la importancia de esta estrategia, pero no es la única. Pensar así, sería cerrarnos a las potencialidades que tiene el niño y a las diversas opciones de expresión de su sensibilidad. El reto es que escriba cuento, pero también que escriba lo que le guste, y como motivo se le proponen otras piezas, distintas al cuento: es la oportunidad para que escriba también sus retahílas, trabalenguas, adivinanzas o tal vez sus coplas.

Hay que ver, por ejemplo, cómo las retahílas se constituyen en una bella ocasión para el desarrollo de la creatividad, tanto por su espontaneidad, variedad de formas y cercanía al juego, como por el ritmo que las caracteriza. *La retahíla –dice Pelegrin (1996)– añade otra singularidad en la poesía oral, la de facilitar con su multiformidad y multicidad las posibilidades creativas infantiles. Por la apertura del texto deja libre la recreación, donde se manifiesta la inventiva verbal rítmica del niño.*

¿Qué estrategias se deben seguir en el aula para fomentar la creatividad a propósito de las retahílas, trabalenguas, adivinanzas y coplas?

* Lo primero es dar ejemplo, leyendo, escribiendo y compartiendo escritos con los niños y niñas. Tal vez esto les inspire más confianza

para abordar el acto creativo. Y dejarlos que escriban lo que quieran, sin coartarles su expresividad. Todo lo del entorno del niño puede ser motivo de inspiración: la comida, el sueño, el juego, los animales, las personas, las cosas de la casa y del colegio.

- Un buen camino es soltar la pregunta generadora a que se refiere Rodari (1999): ¿Qué pasaría si…? Es posible que la respuesta, por absurda que parezca, desencadene el despliegue de la fantasía y actos de expresión. Así surgen novedosas adivinanzas y retahílas o algo así.

- Un absurdo, un error o falta de lógica, una asociación sin aparente sentido, podrán ser comienzo de una creación. Como ejemplo, veamos la siguiente retahíla acuñada por Rodari (1999), en donde se ve el libre desarrollo de la expresión:

> *Siete pares de zapatos he gastado*
> *siete pares de sapos*
> *siete párpados un ojo*
> *un pastel de lodo*
> *una estrella con parche*
> *una bulla en el tanque*
> *una malla sin mudas*
> *una multa, siete multas…*

- Otra estrategia es motivar al niño para que termine una pieza oral o escrita; por ejemplo, se le dan los dos primeros versos de una copla y el niño la completa, así:

> *Dicen que en el cielo hay pan,*
> *pues se murió el panadero*
>
> ....
>
> ....

En su ingeniosidad, el niño podría completar con frases como las siguientes u otras:

> *pero hace un pan desabrido,*
> *pues se olvidó del salero.*

- En fin, es importante que los niños y niñas recopilen piezas populares de las que escuchan de sus padres o familiares, en su contexto cultural. Esta puede ser otra oportunidad para ejercer su creatividad e iniciativa, y resultará muy enriquecedora, según la región o contexto geográfico. Es importante para ello que aprendan a dar el crédito respectivo al autor, o de lo contrario, indicar si es anónimo o popular.

Las adivinanzas

Reseña teórica de las adivinanzas

¿Qué son las adivinanzas?

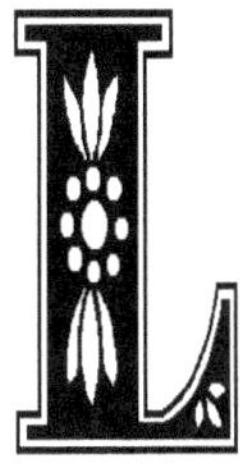as adivinanzas son una parte importante en la tradición oral y escrita, el legado que han dejado las civilizaciones pasadas y que se transmiten de generación en generación a través del tiempo.

Los textos escritos en verso, dispuestos en sentido armonioso y lúdico, con agudeza, música y encanto, dan la idea o pistas del objeto por adivinar, valiéndose de una o varias de sus características. Pero al mismo tiempo se presentan con cierto disfraz para desconcertar, despistar y provocar duda, evitando que se adivinen de forma inmediata y poniendo a prueba la capacidad de la persona.

Las adivinanzas se valen de muchos recursos para su presentación, pero el verso es la tradición que encerró la sabiduría popular para transmitirla durante siglos, aunque su forma se ha ido transformando y adaptándose al esquema propio del folclor y la literatura.

Clases de adivinanzas

Las adivinanzas más populares son aquellas que están dispuestas en cuartetos:

De nueve hijos que somos
el primero yo nací,
y soy el menor de todos
¿Cómo puede ser así? (1)

Pareados:

En medio de cielo estoy
sin ser lucero ni estrella,
sin ser sol ni luna bella;
a ver si aciertas quién soy. (2)

En ocasiones se utilizan versos cortos y de fácil recordación: los pareados sencillos:

Escapa, escapa
abriga y tapa. (3)

También son muy populares las que se fundamentan en metáforas:

Chiquito como un ratón
y cuida la casa como un león. (4)

En los últimos tiempos se han popularizado adivinanzas un poco más elaboradas y extensas que las conforman varios versos:

No soy pirata
tampoco nube
pero de ambos
yo siempre tuve.

No tengo alas
para volar
pero sí olas
de navegar. (5)

(Luis Darío Bernal Pinilla)

Tal vez las que cobran más fuerza en los últimos tiempos son aquellas que se presentan con una sola pregunta:

¿Dónde está antes el jueves que el miércoles? (6)

De todas maneras, las adivinanzas, sin importar su forma de presentación, son gratas al espíritu, por el intento del lector para adivinar, aplicar el ingenio, dar con la respuesta y por el papel que cumplen como pasatiempo y entretención.

* Respuestas: (1) El número uno. (2) La letra E. (3) La capa. (4) El candado. (5) El mar. (6) En el diccionario.

Selección de adivinanzas

(Muestra popular)

Los animales

*No soy militar
y tengo coraza,
estoy todo el día
solita en mi casa. (1)*

*¿Cuál es el animal
que leyéndolo al revés
resulta cereal? (2)*

*Vuelo por los campos,
armada con mi aguijón.
A los que me causan problemas
les provoco un hinchazón. (3)*

*Una casa grande,
cuatro corredores,
un espantamoscas
y dos defensores. (4)*

*Dónde está el oro,
dónde está el oro,
¿Sabes ya lo que busco?
¿Sabes cuál es mi tesoro? (5)*

*Garra, pero no de tigre.
pata, pero no de vaca. (6)*

*Adivina, tú que estudias
en el libro de San Juan,
¿Cuál es ese animalito
que lleva el nombre de San? (7)*

*Corre más que un caballo
y tiene plumas de un gran gallo. (8)*

*¿Quién es ese caballero
que no sale de su casa
si no la rompe primero? (9)*

*Es el único animal
que pone los pies
en la cabeza. (10)*

Blanco es su color,
y es símbolo
de la paz y del honor. (11)

Su dulce canción
canta ufano,
en las noches
de verano. (13)

Larga, larga y lisa
y lleva puesta una camisa. (15)

¿Por qué a las mamás canguro no
les gusta los días de lluvia? (17)

Iba una vaca de lado,
luego resultó pescado. (19)

Tan alta, tan alta es,
que cuando pisa el primer piso
su cabeza está en el tres. (21)

¿Cuál es el animal más aficionado
a los libros? (12)

¿Qué es, qué es,
ese que ahí ves,
que es algo
y nada a la vez? (14)

Buen guardián, buen amiguete,
pero se queda callado si el ladrón
le da filete. (16)

¿Qué animal tiene siempre una
pata en la cabeza? (18)

Tiene cola y cuatro patas,
gran bigote y dos orejas,
se confunde con la gata. (20)

Vivo bajo la tierra y no necesito ver.
¿Sabes quién puedo ser? (22)

---

*	Respuestas: (1) La tortuga. (2) La zorra. (3) La abeja. (4) La vaca. (5) El loro. (6) La garrapata. (7) El zancudo. (8) El avestruz. (9) El pollito. (10) El piojo. (11) La paloma. (12) La polilla. (13) El grillo. (14) El pez. (15) La culebra. (16) El perro. (17) Por que esos días los hijos juegan dentro de la casa. (18) Un pato enamorado. (19) El bacalao. (20) El gato. (21) La jirafa. (22) El topo.

Fenómenos naturales

Dos caballitos
van para Francia;
corren que corren
y nunca se alcanzan. (23)

Una sábana grande
que no se puede doblar
y una bolsa llena de monedas
que no se pueden contar. (25)

¿Qué podría formarse con agua
 y con nada? (27)

Petaquita de avellanas,
que de día se recogen
y de noche se desparrama. (29)

En algunas partes hay
unas serpientes de oro,
que ninguno las quisiera
aunque valieran un tesoro. (31)

Se abrió en el cielo una flor
sin que la hubieran sembrado
con las hojas amarillas
y el corazón colorado. (24)

Toda mi vida en un mes,
tengo mi caudal en cuartos
y aunque me ves pobrecita
tengo los humos muy altos. (26)

Engordo tanto
que me desahogo en llanto. (28)

¿Qué es lo que siempre
cae, pero nunca se hace
daño? (30)

Voy corriendo en la mañana,
y lo hago hasta el anochecer;
a toda hora estoy corriendo,
sin poderme detener. (32)

Llevo sin ser arlequín,
de colores la librea;
sólo salgo por las tardes
y espero siempre que llueva. (33)

Como un trompo
da vueltas al sol,
gira que te gira
sin tener motor. (34)

Es una señora
Gamberra
que hasta la madrugada
no se encierra. (35)

¿Cuál es el mayor verso
que existe? (36)

Pasa siempre corriendo.
Corre y corre y no lo ves.
No es animal, no es persona,
¿Qué es lo que es? (37)

¿Qué cosa no ha sido
y tiene que ser
y cuando sea
dejará de ser. (38)

¿Cuál es la mancha
que no puede quitarse,
ni lavando ni frotando? (39)

¿Qué será, que no será,
que mientras más le mira
más negra está? (40)

Un árbol con doce ramas,
con nombres que no son nuevos,
las ramas con cuatro nidos,
los nidos con siete huevos. (41)

Por no tener luz,
así me llaman,
y cuando llego,
la luz apagan. (42)

---

*   Respuestas: (23) El sol y la luna. (24) El sol. (25) El cielo y las estrellas. (26) La luna. (27) El aguacero. (28) Las nubes. (29) Las estrellas. (30) La nieve. (31) Los rayos. (32) El viento. (33) El arco iris. (34) El planeta tierra. (35) La luna. (36) El universo. (37) El tiempo. (38) El día de mañana. (39) La sombra. (40) La oscuridad. (41) El año. (42) El día.

Alimentos

Hay un picantico,
bastante coloradito,
que vive colgado.
de su propio rabito. (43)

En el agua vivo yo,
sin ser planta ni pescado,
a todos gusto doy
y a mí nadie me lo ha dado. (45)

Ningún sapo fue mi padre,
ni mi madre sapo fue;
sin embargo así me llaman
y me agregan una T. (47)

Primero blanca nací,
después verde me quedé,
y cuando dorada me torné
hiciste un jugo de mí. (49)

Bajo la tierra se cría
y es utilizada
en comidas cada día. (44)

Soy una loca amarrada
que sólo sirvo para ensalada. (46)

Figura redonda,
cuerpo colorado,
tripas de hueso
y zancos de palo. (48)

Del agua se hace
y en el agua se deshace. (50)

*¿Qué es lo que cuando salta
es oro y cuando cae va
vestido de novia? (51)*

*Tengo yo en mí,
agua, leña y qué comer;
¿A qué no adivinas, pues,
ni de aquí al amanecer? (53)*

*Blanco como el papel,
colorado y no es clavel,
pica y pimienta no es. (55)*

*Blanca soy,
y como dice mi vecina,
útil siempre soy
en la cocina. (57)*

*Fui al pueblo,
compré de ellas;
vine a casa
y lloré con ellas. (59)*

*En el agua nací,
en bolsas me mantienen
y siempre en la cocina
los cocineros me tienen. (61)*

*Tiene saco verde,
chaleco colorado
y botones negros. (52)*

*Sombrero sobre sombrero
de un arrugadito paño;
si no lo adivinas ahora
no lo harás en todo el año. (54)*

*Entre más caliente estoy,
más fresco yo soy. (56)*

*Taleguita remendada
y sin ninguna puntada. (58)*

*En desayuno soy bueno,
si me tomas con buñuelo. (60)*

*Soy un viejito mal oliente;
tengo la cabeza
llena de dientes. (62)*

---

*   Respuestas: (43) El ají. (44) La papa. (45) La sal. (46) La lechuga. (47) El zapote. (48) La cereza. (49) La naranja. (50) El hielo. (51) Las palomitas de maíz. (52) La sandía. (53) El coco. (54) El repollo. (55) El rábano. (56) El pan. (57) La harina. (58) La piña. (59) Las cebollas. (60) El chocolate. (61) El arroz. (62) El ajo.

Los objetos

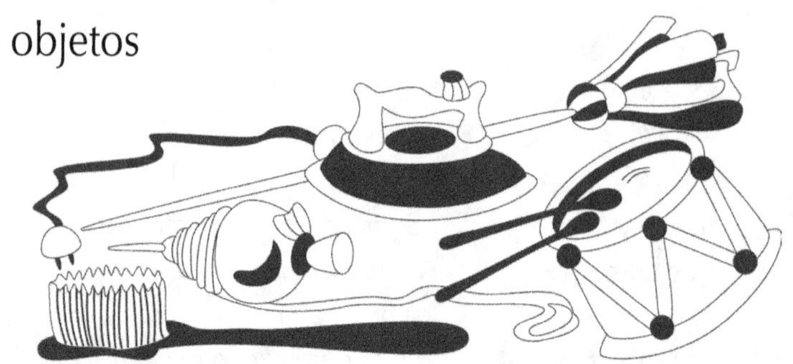

Un hombre flaco
tiene cuatro dientes,
gana su comida
y es para otras gentes.(63)

Chiquito como un gallo,
y aguanta más que un caballo. (64)

Delante de Dios estoy,
entre cadenas metida,
ya me suben, ya me bajan,
ya apagada, ya encendida. (65)

Ya ves, cuán claro es.
Adivíname lo que es. (66)

Barbudo en la barriga
y duro por la espalda;
muy inquieto sube y baja,
a medida que trabaja. (67)

Barril con tapón,
si le das con dos palillos
se logra buen son. (68)

En un oscuro aposento
una dama se divisa,
con el corazón de hilo
y de carne la camisa. (69)

Larguita y reluciente
viste al rey
y a toda la gente. (70)

Respondo al que me consulta,
sin lisonja ni ficción;
si mala cara me ponen,
la misma les pongo yo. (71)

En el día ra ra rá
y en la noche recostá. (72)

Si soy joven, joven quedo;
si soy viejo, viejo quedo.
Tengo boca y no hablo,
tengo ojos y no veo. (73)

Yo tengo calor y frío
y no frío sin calor
y sin ser ni mar ni río
peces en mí he visto yo. (75)

Entre pared y pared
hay una santa mujer,
que con el diente
llama a la gente. (77)

Brazos tengo desiguales
y a mi ritmo se mueven
todos los mortales. (74)

Un pie que pasa
lleno de fuego,
como los llanos
dejó los cerros. (76)

Tiene larga cola
y no es animal. (78)

Sólo me llevan a pasear cuando llueve;
si hace buen tiempo, me dejan descansar. (79)

Para bailar me pongo la pita,
para bailar me la vuelvo a quitar,
pues no puedo bailar sin pita
y sin pita no puedo bailar. (80)

¿Quién lo podrá adivinar?
¡Tengo cabeza y no sé pensar! (81)

Sobre la mesa siempre está,
nunca come nada
y lo que tiene todo da... (82)

---

* Respuestas: (63) El tenedor. (64) El zapato. (65) La lámpara. (66) Las llaves. (67) El cepillo. (68) El tambor. (69) La vela. (70) La aguja. (71) El espejo. (72) La escoba. (73) El retrato. (74) El reloj. (75) El sartén. (76) La plancha. (77) La campana. (78) La cometa. (79) La sombrilla. (80) El trompo. (81) El alfiler. (82) El plato.

Qué será qué será...

Autora: Maritza Chávez Muñoz

No es convento
y tiene celdas,
no es industria
y tiene obreras. (1)

Con mucho sigilo
uno los hilos,
una mosca pegada,
y la cena arreglada. (3)

En la arena mis huevos;
el sol los calienta,
pues soy algo lenta
y dejar la casa no puedo. (5)

Como hojas de morera,
después yo me arrullo,
luego tejo mi capullo,
y al fin salgo a la pradera. (7)

Muy delicadas,
bien orientadas,
siempre ocupadas,
vienen cargadas. (2)

Mos vino
y... ¡ zas !
lo quito del camino. (4)

Tengo muchos anillos,
aunque soy muy sencillo;
tengo la galería lista,
aunque no soy artista. (6)

El sol me despierta
y salgo a la huerta,
hay alguien alerta
y me cierra la puerta. (8)

Construyo una gran ciudad,
con galerías y fortaleza;
porque a pesar de la oscuridad,
no sufrimos de pereza. (9)

No soy ave y puedo volar,
no soy ratón y tengo cola,
con mis oídos me puedo orientar
y boca abajo me puedo colgar. (10)

Con dos cuernos divisa
y su lengua las hojas pulveriza,
con una sola pata se desliza
envuelto en una concha caliza. (11)

Cuando me siento perseguido,
me cambio de traje,
me camuflo en el paisaje
y del peligro me olvido. (12)

Tengo brotes
y no estoy enfermo.
Tengo hojas
y no soy cuaderno. (13)

Nos caemos cada año
y no nos hacemos daño.
Por el suelo corremos
y por el camino nos vemos. (14)

A la vida le regalan
la conservación de la especie,
de su fragancia hace gala
y de sus colores se engalanan. (15)

Varios oficios tengo
aunque estoy siempre escondida,
absorbo, alimento y sostengo,
agua y minerales es mi comida. (16)

Pulpa azucarada y jugosa,
que me llaman mesocarpio.
Suave piel sedosa,
que me llaman epicarpio. (17)

El viento me ondea y me mece,
estoy fija en un solo lugar.
Cambio constantemente de forma
aunque de color poco puedo cambiar. (18)

Esfera de roca sin vida,
sus caras nos sirven de guía,
ayuda a que el tiempo se mida
y da la vuelta en 27 días. (19)

Estrella que en el día nos mira
y hace posible la vida,
sin descanso gira y gira
aunque de noche escondida. (20)

---

*   Respuestas: (1) La abeja. (2) La hormiga. (3) La araña. (4) El mosquito. (5) La tortuga. (6) La lombriz. (7) La mariposa de seda. (8) El conejo. (9) El topo. (10) El murciélago. (11) El caracol. (12) El camaleón. (13) El tallo. (14) Las hojas. (15) Las flores. (16) La raíz. (17) El fruto. (18) La planta. (19) La luna. (20) El sol.

No tengo boca ni labios

Autor: Víctor Miguel Niño Rojas

Así aprendes

*Camino rápido
y con un látigo,
me subo a un lápiz,
no en el papel.*

*Voy con Tomás
y con José.
No voy en el mar,
ni en el carrusel.
¿Qué es? (1)*

¿Cuántas son?

*Somos las hormiguitas
que vamos en la fila
buscando la comida.
¿Cuántas son?
Un montón:
Uno, dos y tres,
cuatro, cinco y seis.*

Entre patos, patas

*Con dos patas bailarinas
dos patos armaron fiesta.*

*Dime ahora tú a mí:
¿cuántas patas hay aquí? (2)*

Somos las hormiguitas
que vamos en la fila
buscando su comida.
¿Cuántas son?
siete, ocho y nueve
diez, once y doce...
¿Cuántas son? (3)

¿Qué es?

Cae, cae y cae,
corre, corre y corre.
Sin que sea miel,
si la tomo
me hace bien. (4)

No es indiscreto

Temprano me levanto,
temprano me acuesto.
No soy dama,
ni ladrón,
ni indiscreto,
pero me meto
por la ventana. (6)

¿A que sí sabes?

No tengo boca ni labios,
pero, si quieres, te hablo.
Soy de hojas, sin ser árbol.
Ábreme y te diré algo. (7)

La negra

Es negra, bien negra
y a todos cubre
con su manta negra. (5)

No las quemes

Con la cola me caliento;
si me mueves suavemente,
tus ropitas enderezo,
así se hallen al revés. (8)

¿Sirve para algo?

Sin ser escoba,
barro el camino;
y, si allí soplas,
no lo verás. (9)

Cuatro hermanas

Somos cuatro hermanas:
Si formas seis filas
salen seis vocablos.
¿Sabes cuál es el primero?
Pues es el amor sincero.
El segundo es una fruta
que crece entre las espinas.
Otro es una gran ciudad,
y el cuarto, ¿a que no adivinas?
Es tierno y hecho de flores,
se regala a las amigas.
Lo que sigue es una planta,
muy rara, que en medicina
tiene sus aplicaciones.
Sigue en la última fila
un nombre de caballero,
¿y aciertas? Pues ya termina. (10)

*   Respuestas: (1) La tilde en las agudas, graves y esdrújulas. (2) Cuatro u ocho, según el caso. (3) Un montón. (4) El agua. (5) La noche. (6) El sol. (7). El libro. (8) La plancha. (9) El borrador. (10) Las letras a m o r en distinto orden: amor, mora, Roma, ramo, maro, Omar.

Las retahílas

Reseña teórica de las retahílas

¿Qué son las retahílas?

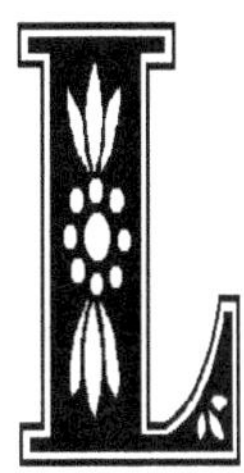

as retahílas tienen su origen remoto en dichos y cantares populares divulgados desde el siglo de oro. En la literatura popular infantil, el término *retahíla* se suele usar para denominar ciertos juegos de palabras, juegos sonoros y rítmicos, juegos, con o sin sentido, juegos con mensajes especiales, valores, etc.

Se entienden como composiciones cortas en forma de poemas, muchas veces dialogadas, o casi siempre en series, encadenamientos, entronques, sonsonetes humorísticos... Hay piezas de valor literario, algunas de autores muy prestantes y reconocidos, pero también las hay humorísticas, picarescas y hasta absurdas, ilógicas o sin sentido aparente.

Suelen ser poemas que combinan el juego con la magia de las palabras, la rima, el ritmo… Su composición es bastante libre, pues se permite combinar versos cortos y largos, construir diferentes tipos de estrofas y dar la rima que se quiera para producir efectos agradables al oído. Al ser recitadas se enriquecen con gestos, acciones corporales, saltos, danzas, desplazamientos…

Pertenecen a la literatura infantil, pero los adultos gozan con ellas como expresión que son de la cultura popular, igual que las rondas, canciones, danzas, etc. Se leen, se recitan, se cantan, se interpretan en voz alta… *La retahíla (palabra/gesto), de escasos o múltiples elementos a menudo irracionales, de difícil interpretación lógica, se considera como el decir poético de los niños, en cuanto a la palabra acompaña al juego convirtiéndose ella misma en juego, y es tratada como un juguete rítmico oral, dando paso a libres asociaciones fónicas* (Ana Pelegrín. *La flor de la maravilla*).

Su función principal es cultural, estética, educativa, lúdica, literaria… Las retahílas posibilitan mucho la interacción pedagógica, el desarrollo de la sensibilidad y del goce, la crítica social, la promoción de valores, la motivación para expresarse. Como ninguna otra pieza, de las que engruesan la literatura infantil, la retahíla es la que mejor se presta para despertar la imaginación y la creatividad.

Para los adultos, que nunca dejaremos de gozar con lo gracioso del lenguaje de la lírica infantil, las retahílas son un medio para la transmisión y disfrute del sentir popular. Son una forma de reflexión, de aprendizaje, de burla, de crítica a las costumbres y de transmisión de normas.

Clases de retahílas

No es tarea fácil clasificar las retahílas, como tampoco lo es clasificar cualquier pieza de la literatura lírica infantil; así lo consideran el maestro López Tamés (1985) y Ana Pelegrín (1996), para no citar más.

Sin embargo, aunque la mayor parte de las retahílas, como producción que son de la literatura lírica popular, son de carácter lúdico o humorístico, hay también muchos poemas de la literatura universal, que podrían considerarse como una clase de retahílas, por su estilo y forma, pero su lirismo no es necesariamente lúdico o humorístico. Así muchos poetas han hecho gozar al lector con retahílas de poesía lírica, como lo atestiguan Nicolás Guillén, Miguel Hernández, Federico Lorca, Alejandro Casona, María Elena Walsh y otros tantos.

Entonces, bien podríamos pensar en la existencia de retahílas, muy específicas, representativas de la *literatura lírica popular infantil*, y retahílas que hacen parte de la *literatura lírica general*; de ambos grupos encontrará muestras el lector, de los más diversos temas, en la recopilación que se ofrece enseguida.

Como parte de la literatura lírica popular infantil, tomamos en cuenta el criterio que asume Ana Pelegrín (1996) quien clasifica las retahílas en dos: las *Retahílas escena* y las *Retahílas cuento*.

En el grupo de las *Retahílas escena* se cuentan, entre otras:

Retahílas trabalenguas: igual que éstas basan su gracia en la rima, ritmo y juego de sonidos, en versos encadenados, rasgo muy propio de las retahílas:

> *En el campo hay una cabra hética,*
> *perlética, pelapelambrética,*
> *pelúa y pelapelambrúa;*
> *que tenía dos hijos héticos,*
> *perléticos, pelapelambréticos,*
> *pelúos y pelapelámbrúos;*
> *si la cabra no estuviera hética,*
> *perlética, pelapelambrética,*
> *pelúa y pelapelambrúa,*
> *no tuviera los hijitos héticos,*
> *perléticos, pelapelambréticos,*
> *pelúos y pelapelambrúos.*

(Popular)

De personajes en acción: basadas en un diálogo y una acción–gestual, representada por ciertos personajes. Los diálogos son variados y se encadenan para producir efectos humorísticos, como se ve en la siguiente pieza:

- *¿Qué lleva ahí?*
- *Un ramo de flores y otro de agua.*
- *¿Me das uno?*
- *No quiero.*
- *Pues no te digo quién ha venido.*
- *¿Quién ha venido?*
- *Tu marido.*
- *¿Qué me ha traído?*
- *Un abanico.*
- *¿De qué color?*
- *De agua limón.*
- *Tómalos tós [todos].*

(Popular)

De las *retahílas cuento*, son de destacar las *mentiras y disparates*, las *enumerativas*, los *encadenados (cadenas o encadenamientos)*, y las *acumulativas*. Todas estas piezas juegan con las palabras para narrar absurdos o situaciones picarescas, inventar mentiras graciosas, o ampliar relatos curiosos. Por este carácter, sin duda facilitan el vuelo de la mente. Recordemos la siguiente retahíla disparatada de María Elena Walsh:

Un hipopótamo tan chiquito
que parece de lejos un mosquito,
que se pueda hacer iupa!
Y mirarlo con lupa,
debe ser un hipopotamito.

Una vez en las calles de Caracas
aparecieron veinticinco vacas,
como era carnaval,
nadie veía mal
que bailaran tocando las maracas.

(María Elena Walsh)

Selección de retahílas

Animales

Concierto

El gato maúlla,
la paloma arrulla
y el coyote aúlla.
Bala la oveja
y zumba la abeja.
Gruñe el cerdo
en verano e invierno.
El león ruge
y la vaca muge.
El grillo canta: ¡cri cri!
Y el ratón grita: ¡uiii! ¡uiii!
El murciélago chilla
si en su cueva algo brilla.

El perro ladra
aunque no pase nada.
La gallina cacarea
y el loro parlotea.
Croa la rana,
si le da la gana.
Zumba la mosca
y se pasa de rosca.
Ronca el oso;
grazna el pato patoso.
El caballo relincha
y su garganta se hincha.

El búho canta
y a las sombras espanta.
Y el mono ¿qué murmura?
¡Que su vida es muy dura!
Pero soy yo el primero,
pues yo hablo,
y canto, y grito, y vocifero...
(Popular)

Las vacas

En el potrero de Valentín,
de Valentín el de la hacienda,
la hacienda de las vacas,
de las vacas negras,
de las vacas pintadas,
de las vacas coloradas,
de las vacas blancas,
de las vacas cachicortadas,

de las vacas orejimochas y mordidas,
mordidas por el tigre del ganado,
del ganado asustado,
asustado en la noche,
en la noche por el tigre,
por el tigre colorado,
colorado de sangre,
de sangre quedó la vaca,
la vaca llena de heridas,
heridas de fauces y garras,
garras de tigre hambriento,
hambriento porque en el monte,
en el monte ya no queda alimento,
alimento que el hombre está acabando,
acabando con las dantas.
... Pobrecitos los tigres y las vacas
las vacas y los animales del monte.

(Orlando Pérez V. Leticia, Amazonas)

Los caballitos

Los caballitos que van
por la tierra, trotan,
trotan, trotan.

Los pajaritos que van
por el aire, vuelan,
vuelan, vuelan.

Los conejitos que van
por el monte, saltan,
saltan, saltan.

Los pececitos que van
por el agua, nadan,
nadan, nadan.

(Popular)

Personajes

Doña Disparate

Doña Disparate
oye con el diente,
habla con la oreja,
con un cucharón
barre la vereda.

¡Señor boticario
véndame tornillos!
¡Señor verdulero
hágame un vestido!
¡Guau! dice el felpudo
¡Miau! dice la jarra.

¡Que yo soy el perro!
¡Que yo soy la gata!
Doña Disparate,
nariz de merengue,
se "ecovica", digo
se equivoca siempre.

(María Elena Walsh)

La brújula viéjula

Un día una brújula,
que era muy viéjula,
chocó con burbújulas
y cayó en mis téjulas.

Prontito, a la lóbula
metí en una cájula
y hoy con su escóbula
yo barro en las lájulas.

¡Qué brujita pávula
y conservadórula!
¿Por qué no volábula
en aspiradórula?
(Popular)

Don Pepito Baldomero

Don Pepito Baldomero
se metió en un sombrero,
el sombrero era de paja,
se metió en una caja,
la caja era de cartón,
se metió en un balón,
el balón era muy fino,
se metió en un pepino,
el pepino maduró y
don Pepito se salvó.
(Popular)

Hechos y acciones

El día de tu santo

*El día de tu santo
te hicieron regalos muy valiosos:
Un perfume extranjero, una sortija,
un lapicero de oro, unos patines,
unos tenis Nike y una bicicleta.
Yo solamente te pude traer,
en una caja antigua de color rapé,
un montón de semillas de naranjo,
de pino, de cedro, de araucaria,
de bellísima, de caobo y de amarillo.
Estas semillas son pacientes
y esperan su lugar y su tiempo.
Yo no tenía dinero para comprarte algo lujoso.
Yo simplemente quise regalarte un bosque.*

(Jairo Aníbal Niño)

A la una nací yo

A la una nací yo,
a las dos me bautizaron,
a las tres me puse novia,
a las cuatro me casaron,
a las cinco tuve un hijo,
a las seis se me murió,
a las siete lo enterramos,
a las ocho morí yo.

(*Popular*)

Quién dirá

¿Quién dirá que no es una
la rueda de la fortuna?
¿Quién dirá que no son dos
la campana y el reloj?
¿Quién dirá que no son tres
estos niños que aquí ves?
¿Quién dirá que no son cuatro
tres escudillos y un plato?
¿Quién dirá que no son cinco
tres blancos y dos de tinto?
¿Quién dirá que no son seis
los amores que tenéis?
¿Quién dirá que no son siete
seis sotanas y un bonete?
¿Quién dirá que no son ocho
siete carneros y un mocho?
¿Quién dirá que no son nueve

ocho galgos y una liebre?
¿Quién dirá que no son diez
los deditos de los pies?
¿Quién dirá que no son once
diez caballeros y un conde?
¿Quién dirá que no es docena
once hijitos y una breva?

(Popular)

La paz del pan

Con la paz
del pan
no oirás
pon ni pun,
no sentirás el tan
ni tampoco el tun.

Pero si el pan
no alcanza,
el ton-ton,
el tantán
y la pena
del pun
sonarán.
No habrá paz
ni pan.

(Mariela Zuluaga)

La muralla

Para hacer esta muralla,
tráiganme todas las manos:
Los negros sus manos negras,
los blancos, sus blancas manos.
¡Ay! Una muralla que vaya
desde la playa hasta el monte,
desde el monte hasta la playa,
bien allá sobre el horizonte.
– ¡Tun, tun!
– ¿Quién es?
– Una rosa y un clavel...
– ¡Abre la muralla!
– ¡Tun, tun!
– ¿Quién es?
– El sable del coronel...
– ¡Cierra la muralla!
– ¡Tun, tun!
– ¿Quién es?
– La paloma y el laurel...
– ¡Abre la muralla!
– ¡Tun, tun!
– ¿Quién es?
– El alacrán y el ciempiés...
– ¡Cierra la muralla!

Al corazón del amigo,
abre la muralla;
al veneno y al puñal,
cierra la muralla;
al mirlo y la hierbabuena,

abre la muralla;
al ruiseñor en la flor,
abre la muralla...
Alcemos una muralla
juntando todas las manos;
los negros sus manos negras,
los blancos sus blancas manos;
una muralla que vaya
desde la playa hasta el monte,
desde el monte hasta la playa,
bien allá sobre el horizonte.

(Nicolás Guillén)

El silbo del dale

Dale al aspa, molino,
hasta nevar el trigo.

Dale a la piedra, agua,
hasta ponerla mansa.

Dale al molino, aire,
hasta lo inacabable.

Dale al aire, cabrero,
hasta que silbe tierno.

Dale al cabrero, monte,
hasta dejarlo inmóvil.

Dale al monte, lucero,
hasta que se haga cielo.

Dale, Dios, a mi alma,
hasta perfeccionarla.

Dale que dale, dale
molino, piedra, aire,
cabrero, monte, astro;
dale que dale largo.

Dale que dale, Dios,
¡ay! Hasta la perfección.

(Miguel Hernández)

Objetos

La botella de vino

Esta es la botella de vino
que guarda en su casa el vecino.
Este es el tapón
de tapar
la botella de vino
que guarda en su casa el vecino.

Este es el cordón
de liar el tapón
de tapar
la botella de vino
que guarda en su casa el vecino.

Esta es la tijera
de cortar el cordón
de liar el tapón
de tapar
la botella de vino
que guarda en su casa el vecino.

Y este es el borracho ladrón
que corta el cordón,
que suelta el tapón,
que empina el porrón,
y se bebe el vino
que guarda en su casa el vecino.

(Alejandro Casona)

En el Universo

En el universo hay un sistema,
en el sistema un planeta,
en el planeta un continente,
en el continente un país,
en el país un Estado,
en el Estado un pueblo,
en el pueblo un lote,
en el lote una casa,
en la casa una mesa,
en la mesa una jaula,
en la jaula un loro.

El loro en la jaula,
la jaula en la mesa,
la mesa en la casa,
la casa en el lote,
el lote en la plaza,
la plaza en el pueblo,
el pueblo en el Estado,
el Estado en el país,
el país en el continente,
el continente en el planeta,
el planeta en el sistema,
el sistema en el Universo.

(Popular)

Verde halago

Por el verde, verde
verdería de verde mar
Rr con Rr.

Viernes, vírgula, virgen
enano verde
verdularia cantárida
Rr con Rr.

Verdor y verdín
verdumbre y verdura
verde, doble verde
de col y lechuga.

Rr con Rr
en mi verde limón
pájara verde.

Por el verde, verde
verdehalago húmedo
extiéndome. Extiéndete.
Vengo del mundolido
y en el verdehalago me estoy.

(Mariano Brull)

¿Quieres que te lo cuente otra vez?

Autora: Maritza Chávez Muñoz

La oruga de la nuez

La oruga amarilla,
perfora la semilla;

en la semilla deja un huevito,
para que nazca un gusanito;

el gusanito vive en la nuez,
y saldrá después;

después crece un poco,
y come fruto como loco;

el loco en un mes,
ya no cabe en la nuez;

la nuez empieza su vuelo,
y pronto cae al suelo;

en el suelo hay hojitas,
muy bien acomodaditas;

acomodaditas y suaves,
eso tú lo sabes;

sabes que la nuez,
se mueve otra vez;

otra vez el gusano,
se siente muy sano;

sano, por el fruto comido
y en oruga se ha convertido;

convertido, su recorrido comienza,
y él sólo piensa que piensa;

piensa en lo que deja,
y pronto se aleja;

se aleja a encontrar otra nueva nuez.
¿Quieres que te lo cuente otra vez?

La ranita del barro

La ranita del barro,
se escondió en el tarro;

el tarro era de lata,
se escondió en una mata;

la mata era de grosella,
se escondió en una botella;

la botella era de cristal,
se escondió en un costal;

el costal era de tela,
se escondió en una cazuela;

la cazuela era de madera,
se escondió en la pradera;

la pradera estaba ocupada,
se escondió en una cascada;

en la cascada se ahogaba,
y volvió a donde estaba;

estaba jugando en el barro,
hasta que pescó un catarro, achis...

el catarro le impide hoy correr
pero...
mañana se volverá a esconder.

El pájaro del tamborileo

El pájaro vino,
y se instaló en el pino;

el pino se mueve,
y son casi las nueve;

las nueve y las diez,
y el pico martilla otra vez;

otra vez... ¡Qué lucha!
el tamborileo se escucha;

se escucha reclamar,
tenemos que madrugar;

¡Madrugar! le reclaman,
y por su nombre lo llaman;

lo llaman en el mundo entero,
el pájaro carpintero;

carpintero disculpas pide,
y marcharse ahora decide;

decide el pino hacerles ver,
que colaborar es un deber;

deber del pájaro picotero,
la golondrina y el hornero;

el hornero feliz le ofrece,
el nidito que merece;

merece su nido de arcilla,
y muchas nueces de la ardilla;

la ardilla hace la invitación,
a ayudarnos con decisión;

decisión para que el invierno,
no se haga tan eterno;

eterna, sonó la sorpresa
de la despensa en la corteza;

en la corteza la haré primero,
palabra de carpintero;

carpintero su pico rebota
recogiendo larvas y bellotas;

bellotas, frutos y semillas,
ahora, a pasar de maravilla;

maravilla que reconozcamos,
que todos nos necesitamos;

nos necesitamos, es un clamor
para construir un mundo mejor.

El ratoncito del pastel de miel

El ratoncito Abel,
feliz lo llevan en un pastel;

el pastel era de harina,
feliz lo llevan a la cocina;

la cocina era por el pasillo,
feliz lo llevan en un pocillo;

el pocillo era de pasta,
feliz lo llevan en una canasta;

la canasta era de papel,
feliz lo llevan en un mantel;

el mantel era de popelina,
feliz lo llevan donde Josefina;

Josefina la del pastel
de harina y miel,
miel, que no probó Abel;

porque Abel tose
y es pillado a las doce.

Por una buena acción

Por una buena acción se salvó un pedazo de tierra,
Por un pedazo de tierra se rescató la vegetación,
Por una vegetación se recuperó un hermoso río,
Por un hermoso río llegaron los animalitos,
Por unos animalitos cobró vida el pequeño bosque,
Por un pequeño bosque se logró aire más puro,
Por un aire más puro se mejoró la calidad de vida,
Por una mejor calidad de vida se despertó el amor en la gente.

Todo esto pasó... Por una buena acción.

¿Te imaginas todos los cambios maravillosos que comenzarían a suceder,
si llenamos nuestra vida de buenas acciones?

Cien años vividos

*La tortuga no ha salido
a buscarla yo me he ido,
dónde se habrá metido
si aquí siempre ha vivido.*

*Demos una vuelta,
vamos a la huerta,
toquemos su puerta
a ver si se despierta.*

*Desde la maleza,
con delicadeza,
asoma su cabeza
con algo de pereza.*

*Profundo respira
y despacito gira,
sus patas estira
y sonriente nos mira.*

*Hoy les aconsejo
seguir mi consejo,
el mal, yo lo dejo
y del peligro me alejo.*

*Vivo muchos años
pero sin engaños,
a nadie hago daño
y hoy cumplo cien años.*

*Aquí en el abeto
yo les completo,
amor y respeto
es mi secreto.*

Un sueño de colores

Sólo sucede en mayo,
en la hendidura de un tallo;

el tallo el huevo guarda,
y unas semanas se tarda;

se tarda la larva en salir,
y su apetito se hace sentir;

sentirla, comer la hoja que vea,
pues crecer es lo que desea;

desea pasar a otra fase,
y metros de hilito hace;

hace un capullo de seda,
y feliz en el se queda;

se queda un tiempo dormida,
por razones de la vida;

la vida la ha transformado,
a crisálida ha evolucionado;

evolución que ya se dio,
el capullo se rompió;

se rompió y alguien salió,
y el esfuerzo sí valió;

valió porque es una mariposa,
y en las plantas ya se posa;

se posa en busca de alimento,
que es el más dulce de los cuen-
tos;

cuentos contados por flores,
como un sueño de colores;

colores y olores que invitan,
a que este milagro se repita;

se repita este hecho importante,
en el verano del año entrante.

¿Dónde será?

Autor: Víctor Miguel Niño Rojas

El pollito de mi tía

*Mi tía compró un pollito
que en vez de hacer pío pío
hacía po po po po.*

*Mi tía lo regaló
y el pollito regresó.
Y en vez de hacer pío pío
hacía po po po po.*

*El pollito se creció,
en gallo se convirtió.
Y en vez de hacer pío pío
hacía po po po po.*

*Mi tía lo preparó,
y en un plato lo sirvió.*

*Pero el pollo revivió,
en vez de hacer pío pío
hacía po po po po.*

Los números dinámicos

Cuando canta el uno,
lo hace como ninguno;
cuando canta el dos,
casi le da tos;
y si baila el tres,
es como un ciempiés;
y si llora el cuatro
se encierra en el cuarto;
si camina el cinco,
camina y da un brinco;
si pasea el seis,
lo hace con Moisés;
si susurra el siete,
ay qué sonsonete;
y si almuerza el ocho,
come un gran sancocho.
Ya se arruga el nueve,
es que así se mueve;
y si sale el diez,
lo hace con Andrés.
Van dos en el once,
dos palos de bronce;
y así sigue el doce,
déjalo que goce.

¿Dónde será?

¿Dónde será que la paloma vive?
¿Dónde será?
¿Será en la rama, será en el árbol?
¿Dónde será?
¿Dónde será que la paloma bebe?
¿Dónde será?
¿Será en la nube, será en el lago?
¿Dónde será?
¿Dónde será donde la abeja vive?
¿Dónde será?
¿Será en un nido, será en un campo?
¿Dónde será?
¿Dónde será donde la abeja bebe?
¿Dónde será?
¿Será en las flores, será en un vaso?
¿Dónde será?
¿Dónde será donde la hormiga vive?
¿Dónde será?
¿Será en la tierra, será en el barro?
¿Dónde será?
¿Dónde será donde la hormiga bebe?
¿Dónde será?
¿Será en las hojas, será en un charco?
¿Dónde será?

¿Sí sabes lo que pasó?

¿Sí sabes lo qué pasó?
Que todo en mi casa
se volvió al revés.

El ratón se comió al gato,
el gato mordió a mi perro,
mi perro le pegó a Juan
y Juan le ladró al vecino.
El vecino encarceló
al alcalde de mi pueblo.
Y ¿no sabes qué pasó?

El ratón al gato,
el gato a mi perro,
el perro al vecino,
el vecino al alcalde.
Y ¿no sabes qué pasó?

El capitán en el barco

Hay en un país lejano
un paisaje bello y plano;
en el plano se ve un lago
y sobre el lago hay un barco
navegando, navegando...
En el barco se ve un banco,
y en el banco está sentado
un capitán veterano.
El capitán en su mano
sostiene un hermoso jarro
y en el jarro hay un cigarro
y en el cigarro... no hay más,
porque está ya muy quemado.

Sólo ceniza en el jarro,
y en el jarro está la mano
del capitán veterano.
El capitán en el banco,
y el banco en el barco,
y el barco en el lago,
y el lago en el plano.
Y el plano,
en un país bien lejano.

Los silbos de Silva

Nadie silba como Silvio silba,
pues si Silvio silba a Silva
y Silva silba a Cecilia,
Silva y Cecilia se silban
y los dos silban a Cilia
y Cilia silba a Celina;
y Celina silva a Silvio.
Se entiende que todos silban,
pues todos silban a Silvio
y Silvio los silba a todos.

Celina silbó a Silvio
por los silbos de Celina,
porque Cilia la silbó,
por los silbos de Cecilia,
porque Silva la silbó,
porque Silvio silbó a Silva.
Nadie silva como Silvio silba.

Todos llaman

Todos viven,
todos aman.

El amor llama a la paz,
la paz a la vida invita,
la vida invita a llamar
a la fe y sabiduría,
que llaman la libertad,
la gratitud, la justicia;
la justicia a la bondad,
la bondad a la alegría,
quien a la sabiduría
y a la tolerancia invita.

Todos viven,
todos van,
todos llaman al amor…

Ton ton

Ton ton
torón ton ton...
¿Quién golpea a mi puerta?
Ton ton
torón ton ton...
Soy un alma perdida,
triste y adolorida.
Ton ton
Torón ton ton...

Dime ¿quieres pasar?
Encontrarás mil flores,
campanas y colores.
Din dan don
din dan don...

Porque es la ocasión
de abrir tu corazón.
Din dan don.

Los zapatos del ciempiés

Una vez un pez
le puso zapatos a un ciempiés.

Uno, dos, tres...
contaba hasta cien
y contaba otra vez.

Una vez un pez
le puso zapatos a un ciempiés.

Ocho, nueve y diez...
Y así llega a cien.

Los trabalenguas

Reseña teórica de los trabalenguas

¿Qué son los trabalenguas?

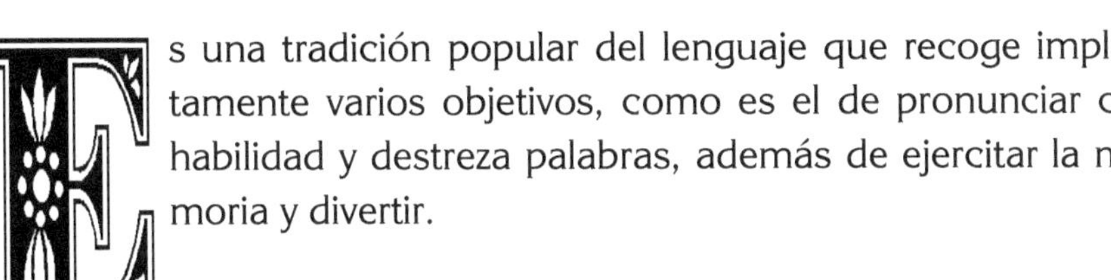s una tradición popular del lenguaje que recoge implícitamente varios objetivos, como es el de pronunciar con habilidad y destreza palabras, además de ejercitar la memoria y divertir.

El trabalenguas es una palabra u oración dispuesta de manera acertada e ingeniosa, difícil de pronunciar por ejemplo: *¡Triqui, mariqui, y afuera zurrón!* o quizás ésta : *es ga ti tú gu ti dei gu ti dei gu ti maika.*

Clases de trabalenguas

Los trabalenguas pueden estar escritos en prosa o en verso, donde se teje una anécdota o una pequeña historia divertida y jocosa con cierta dificultad al ser leída:

Por el camino camina un caminante
que no es caminante que camina por caminos,
sino que camina por caminos de caminantes
sin ser caminante de aquel camino por el que
camina.

Algunas veces se busca una misma palabra que tenga diferentes significados o una familia de palabras para crear un texto gracioso y sorprendente:

Utilitarios utilizan lo útil,
ya que lo útil es utilidad y utilizable:
pero utilizar todo lo útil utilizable,
hace utilitario hasta lo que no es útil.

No quedan dudas que los trabalenguas que se han venido popularizando en los últimos tiempos, vienen acompañados de una pregunta que responde de inmediato utilizando la familia de la palabra con la que se preguntó:

Tengo un piso enladrillado.
¿Quién lo desenladrillará?
el desenladrillador
que lo desenladrille
buen desenladrillador será.

A veces los trabalenguas se quedan en un puro juego de sonidos y palabras, pero no pierden su valor estético y pedagógico, agradan al oído, recrean el espíritu, ejercitan la producción y modulación de la voz, y facilitan la articulación de los sonidos del lenguaje.

Selección de trabalenguas

(Muestra popular)

Acciones

Aquel manjar está sazonado,
¿Quién lo desazonará?
El desazonador
que lo desazonare
Buen desazonador será.

Opto por ser equilibrado.
¿Quién me desequilibrará?
el desequilibrador
que me desequilibrare
buen desequilibrador será.

El arzobispo de Constantinopla
se quiere desarzobispodesconstantinopolizar,
aquel que lo desarzobispodesconstantinopolitanizare,
buen desarzobispodesconstantinopolitanizador será.

En Copacabana hay un encopacabanado;
quien lo desencopacabanase
será un gran desencopacabanador;
pero si no hay quien lo desencopacabane
yo lo desencopacabanaré mejor.

Aquella carretera está kilometricada.
¿Quién la deskilometricará?
el deskilometricador
que la deskilometricare
buen deskilometricador será.

Tengo un duraznito
bien enduraznadito
el que me lo desendurazne,
será un buen desenduraznador,
de mi mata de duraznos
que tengo para vos.

Esta noche viene el chimbilá
¿Qué nos hará? ¿Qué le haremos?
nos desnarizojará
o lo desnarizojaremos
y nos iremos.

Personajes

*Si Roberto rodara la rueda
que rueda, mi rueda rodaría.
La rueda que rueda mi rueda
mi rueda no rueda la rueda
que rueda Roberto.*

*Si Pancha plancha
con cuatro planchas
¿Con cuántas planchas
plancha Pancha?*

*Dijo un majo de Jerez,
con su faja y traje majo:
"Yo al más majo tiro un tajo,
que soy jaque de jaez".*

*Doña Panchífida
se cortó un défido
con el cuchífedo
del zapatéfido;
Don zapatéfido
se puso bráfido
porque el cuchífedo
estaba amoláfido.*

*Rasquín era un rascón
que rascaba en una risca
con un tosco rasca risca rascador,
y rasca risca, risca, rasca,*

*Rasquín era un rascón
que rascaba en un rincón.*

*Virichumbito de papagaya
lastirilinga de miñantay
trabuquilindo, lindi, lindoli
la papagaya de muranday.*

*Ajenjilina naranjoalma
turbicelada de marmorei
jinjifalema fanfiridoy
de la alegría de verdolei.*

*– Señora, don Pedro Pérez Crespo Calvo
¿Sabe usted dónde mora?
– No sé, porque hay tres Pedro Pérez Crespo
Calvo en el lugar.
Don Pedro Pérez Crespo Calvo, el de arriba;
don Pedro Pérez Crespo Calvo, el de abajo;
don Pedro Pérez Crespo Calvo, el del rincón
y los tres don Pedro Pérez Crespo Calvo, calvos son.*

*Ulaque ulaque
pitizoque y claque
rumba pitizonque
zumba badulaque
retumba espelunca
claque con ulaque.*

Sin seso Sosa a César azuza
y Sisa César sin seso pues lo azuzan
y no cese Sosa de sisar sin César
porque César no deja de azuzar sin Sosa.

Marcelino fue por vino,
quebró el jarro en el camino,
pobre jarro, pobre vino
y pobre el cuerpo de Marcelino.

Dichos

Si su gusto gustara
del gusto que gusta mi gusto,
mi gusto también gustaría
del gusto que gusta su gusto.
Pero como su gusto no gusta
del gusto que gusta mi gusto,
mi gusto no gusta
del gusto que gusta su gusto.

Me han dicho que he dicho un dicho
y ese dicho no lo he dicho yo;
porque si yo lo hubiera dicho,
estaría muy bien dicho
por haberlo dicho yo.

Le dije al público de la república
que el agua pública se iba a acabar,
para que el público de la república,
tome agua pública de Panamá.

En aquel cerrillo
hay un nido de zarracatapla.
Con cinco zarracataplillos.
Cuando la zarracatapla tapla,
zarracataplean los cinco zarracataplillos.

Mi mamá dizque me manda
dizque le manda
dizque una torta
dizque de pan
dizque mañana
dizque la devuelve
dizque con la otra dizque le dan.

¿Podás mi parra o tu parra podás?
Ni podo tu parra, ni mi parra podo
que podo la podo
la parra de mi tío Bartolo.

A la pinta, pinda carabalinda;
a la binda, bunda, mirilanda;
con la singa, ringa, laratantinga
y a la tonga, longa, maracanda.

Un podador podaba la parra
y otro podador que por allí pasaba le dijo:
Podador que poda la parra
¿Qué parra poda?

La cabra cabritis

Estaba la cabra, cabritis,
subida en la peña, peñatis;
vino el lobo, lobatis,
y le dijo a la cabra, cabritis:
Cabra, cabratis,
baja, bajatis,
de la peña, peñatis.
– No, amigo lobo lobatis,
que si bajo, bajatis,
me agarras, agarratis
del galgarranatis.
– Cabra, cabratis,
no voy a agarrarte
del galgarranatis,
porque hoy es viernes,
y no se puede comer carnatis.
Bajó la cabra, cabratis,
de la peña, peñatis,
y el lobo, lobatis,
la agarró del galgarranatis.
– ¡Amigo lobatis!
¿no decías que hoy es viernes,
viernatis,
y no se puede comer carne,
carnatis?
– Cabra, cabratis,
a necesidatis
no hay pecatis.

La madre godable

Era una madre godable,
pericotable y tantarantable,
que tenía unos hijos godijos,
pericotijos y tantarantijos.
Un día la madre godable,
pericotable y tantarantable
dijo a sus hijos godijos,
pericotijos y tantarantijos:
– ¡Ay, hijos godijos,
pericotijos y tantarantijos
id al monte godonte,
pericotonte y tantarantonte,
por una liebre, godiebre,
pericotiebre y tantarantiebre,
y los hijos godijos
pericotijos y tantarantijos
fueron al monte godonte,
pericotonte y tantarantonte
por la liebre godiebre,
pericotiebre y tantarantiebre,
que la madre godable,
pericotable y tantarantantable
había mandado a sus hijos godijos
pericotijos y tantarantijos.

Tres tragos

Tras tres tragos
y otros tres,
tras los tres tragos
trago y trago
son estragos.
Trepo intrépido a través,
travesuras de entremés,
trápolas, trago y tragón
treinta y tres tragos de ron.
Tras trazos de trucha extrema
tris, tres tras, los truene el tren.
tran, trin, tran, trun,
tron, trín, tran, trun, torrontrón.

(Vidal Aza)

Trabaguitar

En la guitarrería "Guitarrica"
el guitarrero Guitarremalo
guitarrerea una guitarra,
una guitarrilla y un guitarrón
para que el guitarrista
guitarree la guitarra.
Para que el guitarrillador
guitarrillonee la guitarrilla
y para que el guitarronador
guitorronee el guitarrón
guitarreados por Guitarremalo

para guitarrear en el Guitarmundial
campeonato guitarresco
de la guitarral ciudad
puerto Guitarralia.

(Orlando Pérez)

Qué tal el plan de plantar plantas....

Autora: Maritza Chávez Muñoz

Plantas y más plantas

*En el plantel se planeó un plan sobre plano,
para que los plantadores de plantas, de planta
del plantel, planearan plantar plantas y plantas
en la planada y así, el plan de plantar plantas
sea una linda realidad, planeada y aplaudida
por el plantel que planea planes sobre planos,
de cómo plantar plantas en la planicie de un
plantel.*

Los moradores de la morada del moral

*Esta es la morada que amerita el morador que no
demora y la morada de la moradora que mora y
mora, en las moritas moradas del moral que mora
en el matorral de Don Mora que no demora en llegar
al moral.*

Las flores floreadas de la floresta

*Don Flavio Florián Flórez el floricultor floretea con
sus flores florecidas en la floresta. Las flores de
la floresta de Flavio Florián Flórez el floricultor,
florean flores para las florerías, que con sus floreros
florecientes, adornan las floristerías, en especial la
floristería Floreslindas de Doña Flor.*

Los árboles de la arboleda

Arbolista, arbolador, arborícola son arboricultores que saben de arboricultura, visitan árboles, arbustos y seres arborícolas que viven en el arbolado de la arboleda. Estos arboricultores aconsejan sembrar árbol por árbol y arborizar la tierra para vivir mejor.

Los robles del robledal

Riblo Róblez Roble se dobla y planta roble a roble robles, sin dejarse doblegar de los robles del robledal ; allí se plantan dobles robles, de robles nobles que dan abrigo y prolongan la vida, siendo doblemente nobles, los robles dobles del robledal de Riblo Róblez Roble.

Las sombras que asombran

El sembrador se asombra y no sale del asombro de la sombras de la siembra de sus sembrados, y dice que así te asombres de la sombras de sus sembrados; siembra y siembra muchas semillas para que te den sombra y te asombres de los campos verdes que obtendrás.

A la alondra tolondra

Autor: Víctor Miguel Niño Rojas

El ratín y el gatón

El ratín tin tin
y el gatón ton ton
jugaban tun tun
a correr ten ten.

Ay del tin tin
y del ton ton
y del tan tan
y del ten ten
y del tun tun.

Hasta que el gatón
y el ratín tin ton
dejaron tun tun
de correr ten ten.

Y el gatín tin tin,
todo un gato ton,
abrazó al ratín,
le dio un picotón
todo un ratón ton,
y el ratitín tin tin
saltó de alegría,
ay del tintín tin
ay del ton ton ton.

Viva el tin tin tin,
viva el ton ton ton,
pues ambos jugaron
al ton ton tin tin,
sin llegar al fin.

Toca la oca

A todos toca
y ahora nos toca
a los de Toca
y toca.

Toda previsión es poca
pues al que toca
la roca, le toca.

Toca la oca
y la coloca
en la maloca.

Y la foca
toca su boca,
como una loca.
También le toca.

Una piñata

Pra pra pra pri
pri pri pri pra,
palomitas de maíz.

Pro pro pro pru
pru pru pru pro,
girasoles del Perú.

Pre pre pre pra
pra pra pra pre,
una piñata en el tren.

Pra pri, pro pre,
sonrisas y el carrusel,
pri pre pra pro,
el adulto y el menor,
pro pru pre pra,
todos en el tren se van.

Tape tipo, tape tipa

¿Tapó tipa? ¿Tapó tipo?
Tapó tipo, tapó tipa.
¿Topa tipa?¿Topa tapo?
Topa topo, topa tipa.
Tipa tapa, tipa topa.
Tape tipo, tape tipa.

Alondra

*Alondra tolondra
se asombra
y su sombra
es alfombra,
milonga tolondra.*

*Bien pronta y en contra
su impronta confronta
y afronta su sombra
y su alfombra
milonga tolondra.*

Cuento larará

*Lara lara larará
espérame para amar.
Lere lere lereré
este cuento leeré.*

*Liri liri lirirí
mi cariño es para ti.
Luru luru lururú
la alegría la pones tú.*

*Loro loro lororó
y el cuento se terminó.*

Chupa Nacho

*Chupa chupo
Nacho el chato.
Pide a Chucho
para Pacho
que bien ducho
con serrucho
corte rápido
pechugas
y salchichón.*

*No beban chicha ni ron
y tomen leche en un cacho,
o pastel con chocolate,
Chupe chupo,
Chucho y Nacho.*

Las coplas

Reseña teórica de las coplas

¿Qué son las coplas?

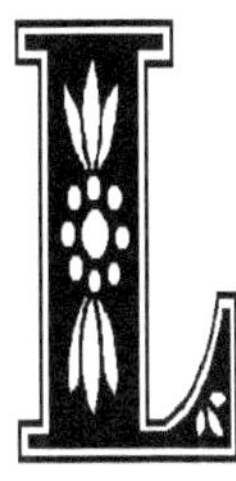

as coplas son la expresión popular de un pensamiento sobre algún aspecto de la vida, mediante una estrofa de cuatro versos octosílabos de los cuales riman el tercer verso con el cuarto. Son versos populares que exaltan el sentimiento popular, es decir, cantan y enaltecen el sentir de la gente en relación con algún aspecto de la cotidianidad humana, en los diversos contextos en que se desarrolla la cultura.

Una estrofa de cuatro versos se llama *cuarteto*. Aunque no es frecuente, las coplas también pueden expresarse con estrofas de más versos y con versos de menos o más sílabas (por ejemplo de cinco versos) o con versos de mayor o mayor número de sílabas (por ejemplo, de cinco, seis, siete, nueve y hasta más sílabas).

Las coplas que escuchamos por labios de nuestros mayores hacen parte de una tradición muy antigua. Es posible que se haya originado en las entrañas de los pueblos al tratar de expresar sentimientos populares por medio de estrofas cantadas. En lengua castellana se remonta a los juglares españoles, recitadores y cantantes populares de finales de la edad media, que cultivaron piezas como romances, villancicos, seguidillas y serranillas.

En nuestras naciones hispanas esta tradición se desarrolló con fuerza hasta el punto de que hoy día existen coplas en todos los grupos y rincones para exaltar temas de la vida del campo, de las ciudades y de los diversos grupos.

Y en nuestros días parecería que la época de los juglares nuevamente florece. Para no ir más lejos, pensemos en la diversidad de cantos populares y en las trovas, que en algunas regiones han tomado especial relevancia, no sólo como expresión del sentimiento popular, sino como medio de crítica a los personajes y hechos contemporáneos, y a los gobernantes de turno.

Hay dos aspectos importantes por considerar en las coplas: las *temáticas* y la *métrica*, o sea, su composición y escritura.

Las temáticas

Son supremamente amplias y variadas, como lo son los pensamientos, saberes, sentires, valores, creencias, problemas, costumbres, ritos y demás elementos de la cultura y de la vida cotidiana de la gente. Así las coplas exaltan aspectos de la vida social, familiar y política, de la naturaleza, del folclor, de la religión, etc. El amor, la vida en pareja, el trabajo, las relaciones entre las personas, las virtudes y defectos pueden ser un ejemplo de lo que expresan las coplas.

Ejemplos:

Exaltación de valores

Lo que en política dicen
todo es palabra falaz;
y mucho harían si pudieran
darnos siquiera la paz.

Expresión de amor

Con el alma te he querido
y con el alma te quiero,
cuando me muera, mi alma
se irá con tu amor al cielo.

(Rogelio Rodríguez)

Expresión de humor

Di una linda serenata
donde mi novia adorada;
y supe después que la casa
estaba desocupada.

Pero la copla, además de ser un medio excelente para exteriorizar el pensamiento y el sentimiento, se constituye en un canal precioso para expresar la sensibilidad, la musicalidad, el ritmo y la imaginación, valiéndose del juego combinatorio de frases y palabras, y con la aplicación de las reglas más sencillas de la métrica. Son una oportunidad para la lectura recreativa, el canto, la recitación, la creatividad y la escritura.

La métrica

En la métrica o composición de las coplas conviene tomar en cuenta: la medida de los versos y la constitución de las estrofas con la aplicación de la rima. Contemos las sílabas de cada verso de la siguiente copla. ¿Verdad que cada uno tiene ocho sílabas, es decir, es octosílabo?

```
1    2    3    4    5    6  7  8
Al–mar – voy – por – ver – el – a–gua,
al – jar–dín – por – ver – las – flo–res,
al – cie – lo – por – ver – es–tre–llas
y a–quí – por – ver – mis – a–mo–res.
```

Al leer, recitar o cantar con ritmo cada verso, captamos un efecto armonioso y agradable. Entonces decimos que suenan bien al oído. Cuando un verso no suena bien, decimos que es cojo; probablemente le falta o le sobra alguna sílaba.

Por otro lado, notamos que la terminación del tercero y cuarto verso suena igual. Esto es, los dos versos riman, o tienen *rima*. La rima es consonante, si las sílabas finales son iguales en los dos versos, como en el caso anterior (fl<u>ores</u> – am<u>ores</u>). La rima es asonante si las sílabas finales de verso, sólo son parecidas, como en la siguiente copla:

> *Aquel amor que te tuve*
> *tan firme y tan verdad<u>ero</u>,*
> *si lo hubiera puesto en Dios*
> *me hubiera ganado el ci<u>elo</u>.*

Para facilitar la medida de los versos y lograr los efectos deseados al oído, quien compone versos puede aplicar también las reglas llamadas *sinalefa* e *hiato*. La sinalefa se da cuando, al interior de un verso, ligamos en una sola sílaba la vocal final de una palabra, con la vocal inicial de la palabra que le sigue. Así en la copla anterior hay las siguientes sinalefas:

firme y   lo hubiera   puesto en   me hubiera   ganado el

Al contrario en el *hiato* pronunciamos en dos sílabas las vocales que se encuentran, así normalmente se pronuncien en una sola, como cuando en la palabra *suave* que de por sí tiene dos sílabas (sua–ve), se consideran tres: <u>su–a</u>–ve.

Selección de coplas

Amor

Tus ojos luceros son
y tu boquita una rosa,
tus cejas la mariposa
que hechiza mi corazón.

(Guillermina Bracamonte)

En el jardín de mi casa
sembré mi rojo clavel,
para madarle mis flores
a quien me quiso querer.

(Felisa Sanguino)

Yo no me la paso triste,
que me la paso cantando;
porque el amor que se pierde
no se repone llorando.

(María Senaida Duarte)

Háblame mucho, amor mío,
háblame mucho de amor,
que tu voz es medicina
para curar mi dolor.

(Serafín Hernández)

Coplas de amor anónimas

Tienes en la cara pecas
y en la garganta lunares,
y en el pecho más virtudes
que rosas en los rosales.

A un alto pino subí
a ver si la divisaba,
y el pino como era tierno
de verme llorar lloraba.

Échate por la ventana
que yo te recibiré,
con un manojo de flores
y un clavel en cada pie.

Mire que me pisó un pie,
mire que me está pisando
mire que su amor me mata
mire que me está matando.

A tus puertas he venido,
no vengo a pedirte nada,
apenas un cariñito
para quedar consolada.

Humor

Al cementerio llegué,
dando gritos como un loco;
y el diablo me contestó:
tontico, murió por otro.

(Venancio Martínez)

Tengo un perrito casero
con el nombre de abejón;
tiene las orejas pardas
de dormir en el fogón.

(Isabel Amaya)

Para ser un buen señor
no se requiere corbata;
el de ruana es el mejor
y más si lleva alpargatas.

(María de la Paz Rodríguez)

Yo pretendí una mujer
vestida de seda y raso;
pero ella me contestó:
vete de aquí gallinazo.

(Aristides Moreno)

Quisiera darles calor
a las palabras que atrapo,
pero resultan más frías
que la barriga de un sapo.

(Juan Pastor Burbano)

Señora, véndame un pan,
porque me encuentro en ayunas;
le juro que se lo pago
cuando la rana eche plumas.

(Luz Nelly Ortiz)

Tengo un novio muy bonito
cuyas señas voy a dar:
tiene las patas torcidas
y es de bizco su mirar.

(Ana Cecilia Roa)

Coplas de humor anónimas

Esto dijo el armadillo
sentado en el arboloco:
–Ni me subo ni me bajo
–Ni dejo subir tampoco.

La yegua le dijo al burro:
–Mira qué orejas tenés.
Y le burro le respondió:
–¿Y las tuyas no las ves?

Los ríos van a los mares,
los perfumes van al cielo;
y yo me voy a la cama
porque me muero de sueño.

A los quince días de muerto
me llevaron a enterrar;
me tocaron un bambuco
y volví a resucitar.

El ciego le dijo al sordo:
– Mira la araña que ahí va.
Y el sordo le contestó:
– Oigo los pasos que da.

Familia

*Oh madrecita, en tu día
te queremos saludar
y pedir que Dios te otorgue
¡Salud y felicidad!*

(Lilia Páez y hermanos)

*A mi dulce madrecita
va mi saludo especial,
y mis votos porque viva
siempre dichosa en su hogar.*

(Sara María Ortiz)

*Para papá que cumple años
va mi felicitación;
yo quiero que hoy tenga alegre
mucho más su corazón.*

(Gabriel Forero Pinzón)

Educación y estudio

*Para mejorar la vida
y obtener mayores frutos,
practiquemos lo que enseñan
los profes del Instituto.*

(Elías Cañavera T.)

*La escuelita que tenemos
es algo muy especial;
nos educa y nos recrea,
y nos hace progresar.*

(Ana Victoria Celis)

*Mi maestro me enseñó
que tengo que ser puntual;
si llego tarde a la escuela,
él no me enseña a cantar.*

(Popular)

*Con los números, sin duda,
podré muy bien calcular;
no engañaré yo a ninguno
ni me podrán engañar.*

(Alberto Morales)

El teatro y el deporte
y el conjunto musical,
nos proporciona contento
y hasta nos libra del mal.

(Hermis Campo Calderón)

Lo que les voy a decir,
para nadie es un secreto:
la prosperidad se logra
sólo con el alfabeto.

(E. Rodríguez R.)

Coplas anónimas sobre el estudio

En el patio de mi casa
hay una mata de almendras
con un letrero que dice:
"el que no sabe que aprenda".

Mi maestro me enseñó
que tengo que ser puntual;
si llego tarde a la escuela,
él no me enseña a cantar.

El estudiante aplicado
siempre tiene el codo roto;
y se la pasa estudiando
donde hay más alboroto.

Trabajo

Mi orgullo es ser campesino
de carriel, machete y ruana,
y a veces me he guarecido
bajo el rumor de una palma.
(Popular)

Con semillas mejoradas
siembro alegre mi arrozal,
y hago mi rancho de paja
para poderlo cuidar.
(Luis A. Arce L.)

Bendiga Dios mi casita
y también a quien la hizo;
por dentro tiene la gloria
y por fuera el paraíso.
(María Estella Vega)

Salud

Remolacha y zanahoria,
eso sí es buena comida;
ellas con las espinacas
nos dan mucha vitamina.

(María L. Pulido)

Del perfume de las flores
se llena toda mi casa,
y del sol cuando amanece
luciendo por la mañana.

(Jeremías Moncayo)

Me gusta cantarle al agua
como a un don grande del cielo,
porque es mensaje de vida
y una riqueza del suelo.

(Angel María Vásquez)

Virtud

El viento trae de lejos
el toque de las campanas;
los corazones se animan
y a Dios se elevan las almas.

(Ana Rosa Ortiz)

Yo soy de una sola pieza,
tan firme como el acero;
cuanto yo digo lo cumplo,
de lo contrario me muero.

(Libardo Triana)

Miremos siempre adelante,
nunca miremos atrás;
miremos nuestros defectos
y no los de los demás.

(Rafael Patiño B.)

Acuérdate de los pobres,
sin juegos y sin sonrisas,
que tienen hambre, mucha hambre,
de besos, pan y caricias.

(Marcos A. Caicedo)

Pero por más que uno sufra
un rigor que lo atormente,
no debe bajar la frente
nunca, por algún motivo,
el álamo es más altivo
y gime constantemente.

(José Hernández, "Martín Fierro")

Amistad

Cultivo una rosa blanca
en julio como en enero
para el amigo sincero,
que me da su mano franca.
Y para el cruel que me arranca
el corazón con que vivo,
cardo ni ortiga cultivo;
cultivo una rosa blanca.

(José Martí)

Me gusta comer con hambre,
me gusta beber con sed,
conversar con quien me entiende
y pedir al que me dé.

(Popular)

¿De qué sirve presumir,
rosal, de buen parecer,
si aun no acabas de nacer
cuando empiezas a morir?

(Francisco de Quevedo)

El teatro y el deporte
y el conjunto musical,
nos proporcionan contento
y hasta nos libran del mal.

(Hermis Capo Calderón)

Hoy les vengo a cantar...

Autora: Maritza Chávez Muñoz

No bote tanta basura
que ya no hay donde botar
es un compromiso serio
ponernos a reciclar.

Los hábitos de los adultos
es la causa de tantos males
pues creyeron eternos
los recursos naturales.

La gente está confundida
pues ahora todo es basura
plástico, vidrio y papel
aquí nos falta cultura.

El vidrio está hecho de arena
es un material precioso
recogerlo y reciclarlo
es un gesto muy valioso.

De la tierra, son tesoros
el papel que utilizamos
se talan miles de árboles
que tal si economizamos.

El agua es muy necesaria
y ya se está acabando
llegará el día que no haya más
si seguimos desperdiciando.

En cambio de usar el auto
fijémonos otras metas
caminar es un buen plan
o utilizar la bicicleta.

Los árboles todo lo dan
frutos, papel y leña
sombra, refugio y amor
y de todo nos enseñan.

Buscar el equilibrio ambiental
es una prioridad
sembrar árboles y plantas
ya es una necesidad.

Arañas y otros insectos
dejan la tierra abonada
defendamos su vida
y su labor tan dedicada.

Son los insectos y las aves
que hacen posible este evento
la polinización de las flores
con ayuda del agua y el viento.

El reto de este siglo
es cambiar de mentalidad
redescubrir la naturaleza
y actuar con responsabilidad.

Los niños y las niñas
no pueden esperar más
los problemas son muy graves
y hay que enfrentarlos ya.

Motivar a la comunidad
con buenas iniciativas
a realizar campañas de aseo
forestales y educativas.

Los queremos invitar
a hacer acciones sencillas
a mantener la tierra verde
sembrando muchas semillas.

Las cosas que no utilizamos
las debemos regalar
buscar la felicidad de los otros
es lo que nos debe importar.

Nuestro deber cada día
los bombillos apagar
clasificar la basura
y el agua economizar.

Si cambias el modo de pensar
es mucho lo que se avanza,
si cambias el modo de actuar
que vivan las esperanzas...
de vivir en un mundo mejor.

Me contaron que la paz

Autor: Víctor Miguel Niño Rojas

Justicia social

*Siento una pena muy honda
de cantar en la ciudad:
El respeto se ha perdido
ya no hay solidaridad.*

*Si las gentes son injustas
y no ayudan al vecino,
¿cómo esperan progresar
entre tanta bulla y ruido?*

*Al los pobres nadie mira,
se olvidan que son humanos;
compartamos nuestra vida,
ante Dios somos hermanos.*

*Quise ayudar con dinero
a un niño abandonado;
pero no tuve con qué
y le di fue un gran abrazo.*

Vida y naturaleza

*La vida es naturaleza
y naturaleza es vida;
así como abre una flor
así la vida germina.*

*La vida es igual al fuego
que arde, da luz y calienta;
cuidemos que no se apague,
muy listos a defenderla.*

*Alegres fluyen las aguas,
alegres cantan las aves,
alegres crecen las plantas,
alegres las mueve el aire.*

*Hermosas abren las flores
y frescas corren las aguas,
los corazones palpitan
pletóricos de esperanza.*

Estudio

Escribir coplas es fácil,
lo difícil es querer;
suelta tus versos, amigo,
escribir es un placer.

El trabajo y el estudio
parecen tarea dura;
pero son muy agradables
y nos dan mucha cultura.

Una niña en grado cuarto
le dijo a su compañero:
–El estudio con esmero
es un triunfo verdadero.

La paz

Me contaron que la paz
lenta pero firme anda,
de brazo de la justicia,
justicia y paz son hermanas.

Del cielo salió una voz
que retumbaba en el aire:
"Si los humanos se matan,
pronto no quedará nadie".

Aseo y civismo

No arrojes mugre en la calle,
camina por el andén,
obedece las señales
y te sentirás muy bien.

Cuidemos nuestro planeta,
pues nos da alimento y agua,
abrigo, semillas, tierras,
los animales y plantas.

La patria no es sólo tierra,
es su gente y su cultura,
su corazón, sus anhelos,
su labor, su agricultura.

Amistad

En un camino encontré
un letrero escrito a mano:
"Sigue adelante, amiguito,
no mires atrás, hermano".

En las buenas y en las malas,
en las dichas y el dolor,
respetarse y ayudarse,
eso sí que es el amor.

Lo mejor en medicina
es el aire, el agua, el sol;
compartir nuestra alegría
y abrir nuestro corazón.

No se angustie, amigo mío,
si no hay dinero de más;
nuestra riqueza está adentro,
lo bello es saber amar.

Yo soñé con mil luceros
y a todos quería abrazar:
mis amigos, compañeros,
corazones para amar.

Virtud

Dicen que la vida es sueño,
que los sueños son verdad;
si sueño vivir feliz,
esto se hace realidad.

Cada cosa en su lugar
y cada cosa a su tiempo;
el orden siempre enaltece
el orden y el cumplimiento.

Poco común es el don
de escuchar a los demás,
escuchar y pensar bien
aquello que se va a hablar.

Del cielo bajó una estrella
con un mensaje bien tierno:
"El secreto de la vida
es un amor verdadero".

Despedida

Con esta nos despedimos,
expresando nuestro agrado
a los queridos lectores
por habernos escuchado.

Ojalá hayan disfrutado
adivinanzas y coplas,
retahílas, trabalenguas,
palabritas y otras cosas.

Gracias por haber leído,
y palabreado los sueños,
seguro que han invertido
sus más hermosos momentos.

Bibliografía

rana, Federico. *Ecología para principiantes*. México. Editorial Trillas, 1982.

Arroyo, Carlos. "Educación y cultura". Bogotá. FECODE, No. 572, Octubre de 1994.

Baquero G., Mariana; Cañón V., Nora y Parra R., Omar. *Literatura infantil. Didáctica*. Bogotá, Universidad Santo Tomás, 1996.

Cantoni, Norma. *Aventuras con la ciencia, ecología, nuestro planeta en peligro*. Buenos Aires. Editorial Albatros, 1995.

Castilla, Silvia y Rodes, Edgar. *Adivíname ésta*. Bogotá. Norma, 1988.

Hojas de lectura. Fundalectura. Fundación para el fomento de la lectura. "Reflexiones", *La Adivinanza*, Serie 3 No. 17. Bogotá, Octubre de 1991.

López Tamés, Román. *Introducción a la lírica infantil*. Oviedo (España). Universidad de Santander, 1985.

Moreno Sánchez, Blanca Cecilia. *Acertijos, adivinanzas y trabalenguas… En el constructivismo educativo*. Tunja, Colombia. Editorial Talleres Gráficos, 1997.

Morín, Edgar. *Los siete saberes para la educación del futuro*. Bogotá. Ministerio de Educación nacional, 2001.

Ministerio de Educación Nacional. *Antología de la literatura infantil para la educación básica primaria*. Bogotá. MEN, 1986.
____________. *Indicadores de logros curriculares*. Bogotá. MEN, 1998.

Ospina M., Francisco (Comp.). *Folklore Nacional. Coplas populares colombianas*. Bogotá. (S.P.I), 1951.

Pelegrin, Ana. *La flor de la maravilla. Juegos, recreos, retahílas*. Madrid. Fundación Germán Sánchez Pupérez, 1996.

Pennac, Daniel. *Como una novela*. Bogotá. Norma, 1997.

Rodari, Gianni. *Gramática de la fantasía*. Introducción al arte de inventar historias. Bogotá. Panamericana, 1999.

Rodríguez R., Elisio. (Compilador). *El coplero campesino*. Bogotá, Acción Cultural Popular, (SF).

Ruiz, Clarisa. Dirección Editorial Silvia Castrillón. *Traba la lengua – Lengua traba*. Bogotá. Kapeluz, 1984.

Suaza, Maín y Rodríguez, Édgar. *Adivina adivinador*. Ediciones El barco de papel. Bogotá. Kapeluz, 1984.

UNICEF. MISIÓN RESCATE. *Planeta Tierra*. Edición infantil de la agenda 21 en asociación con la Organización de las Naciones Unidas, 1994.

Vigotsky, Lev. *El desarrollo de los procesos psicológicos superiores*. Edición de Michel Col y otros. Barcelona. Crítica. Grijalbo Mandadori, 1996.

Maritza Chávez Muñoz

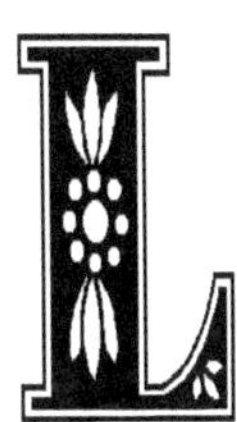icenciada en Educación Preescolar de la Universidad Los Libertadores, Bogotá (1993). Especialización en Educación y orientación Sexual de la Universidad Manuela Beltrán, Bogotá (1996). Especialización en Educación Informática de la Universidad Autónoma de Colombia, Bogotá (1998). Se ha desempeñado como profesora de preescolar y primaria en diferentes colegios de Bogotá. De su producción bibliográfica didáctica se destacan: Inglés *Lillipop,* Nivel 1 y 2 para preescolar (Editorial Voluntad, 1993); *Juguemos con matemáticas*, preescolar, 1, 2, 3, 4 y 5, (Editorial Escuelas del Futuro, 1994); *Ingenio matemático* 1, 2, 3, 4 Y 5, (Editorial Escuelas del Futuro, 1997); *English funny*, preescolar, 1, 2, 3, 4 y 5, (Editorial Escuelas del Futuro, 1998); *Pasitos alegres*, Libros Integrales para preescolar, jardín A, jardín B y transición, (Editorial Escuelas del Futuro, 1999); *Escritura significativa* 1, 2, 3, 4 y 5 (Editorial Magister, 2002); *Felisa y sus amigos*

No. 1 y 2, razonamiento y pasatiempos ingeniosos (Editorial Casita Mágica, 2003); *Lenguaje infantil*, Libro de lectura y escritura (Editorial Nueva Generación, 2006); *Ternuras*, Libro integrado para preescolar (Editorial Líderes del Milenio, 2006); *Matemáticas Avances* 1, 2, 3, 4 y 5 (Editorial Líderes del Milenio, 2007).

Los autores

Víctor Miguel Niño Rojas

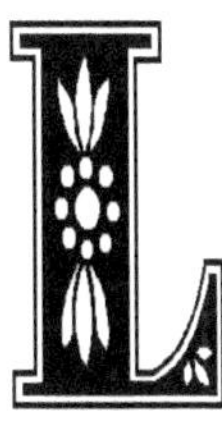icenciado en Filología e Idiomas de la Universidad Pedagógica y Tecnológica de Colombia (Tunja). Especializado en la Enseñanza del Español en el Instituto Caro y Cuervo. Doctor en Filosofía y Letras (Lingüística Hispánica) de la Universidad Complutense de Madrid (España). Por varios años fue maestro en primaria y en secundaria, y profesor en las áreas del lenguaje en varias universidades como la Nacional, Gran Colombia, Pedagógica Nacional, UPTC (Tunja), Santo Tomás, Salle, Javeriana y Universidad Libre.

Participó como investigador y asesor en el Ministerio de Educación Nacional, en proyectos curriculares, de evaluación, de formación de docentes y en la iniciación del programa de educación a distancia que dio origen a UNISUR, actual UNAD.

De su producción bibliográfica se destacan: *Redacción a su alcance* (Norma, 1980); *Los procesos de comunicación y del lenguaje* (Ecoe, 1985, 1994, 1998); *Semiótica y lingüística* (Ecoe, 2002); *Competencias en la comunicación* (Ecoe, 2003); *Los medios audiovisuales en el aula* (Magisterio, 2005) y el más reciente; *La aventura de escribir – Del pensamiento a la palabra* (Ecoe, 2006); y varias series de textos para la enseñanza del lenguaje en primaria publicados en distintas editoriales (*Globo verde, Fantasía del Idioma, Vive el Idioma, Recreamos, Lenguaje inicial líderes, otros*) en donde aplicó su amplio saber y experiencia pedagógica.

MAGISTERIO

Títulos de la colección

MAGISTERIO

LENGUA CASTELLANA

JUEGOS COMUNICATIVOS
Estrategias para desarrollar
la lectoescritura
Armando Montealegre A.

LA ESCUELA EN EL CUENTO.
Fabio Jurado

LA FIESTA DE LAS PALABRAS
Cien juegos creativos con palabras
Guillermo Bernal A.

**LA LECTOESCRITURA
COMO GOCE LITERARIO**
El poder de las palabras
Alcides Parra R.

JUGUEMOS CON LA POESÍA
Guillermo Bernal Arroyave

ISLA DE VERSOS
Poesía cubana para niños
Selección y notas
Sergio Andricaín

PALABREANDO SUEÑOS
Adivinanzas, trabalenguas, retahílas y
coplas como estrategias en el aula
Maritza Chávez Muñoz
Víctor Miguel Niño Rojas
(Autores y compiladores)

LÚDICA

LÚDICA CUERPO Y CREATIVIDAD.
Raimundo Dinelo
Carlos Alberto Jiménez V.-
Jesús Alberto Motta

**LUDOCREATIVIDAD
Y EDUCACIÓN.**
Raimundo Dinello

LUDOTECAS LUDOCREATIVAS
Raimundo Dinello

RECREACIÓN, LÚDICA Y JUEGO.
Raimundo Dinello
Carlos Alberto Jiménez V.
Luis Alberto Alvarado

MATEMÁTICAS

ÁLGEBRA RECREATIVA. Procesos básicos para el desarrollo del pensamiento.
Esperanza Casas Alfonso

DIVERTIDAS MATEMÁTICAS
Esperanza Casas Alfonso

JUEGOS MATEMÁTICOS
La magia del ingenio
Esperanza Casas Alfonso

FESTIVAL MATEMÁTICO
Desarrollo del pensamiento visual y espacial
Esperanza Casas Alfonso

INTELIGENCIA VISUAL Y ESPACIAL
El arte en las matemáticas
Esperanza Casas A.

PÓNGAME UN PROBLEMA.
La vuelta al mundo en ochenta juegos y acertijos.
Bernardo Recamán Santos

QUÍMICA

QUÍMICA RECREATIVA
Cien experiencias en el laboratorio
Luis Miguel Mora

MÚSICA

EL ARRURRÚ DE LA LUNA
Rondas y Rimas para jugar
Olga Lucía Jiménez

JUEGO MUSICAL Y APRENDIZAJE.
Estimula el desarrollo y la creatividad. Musicoterapia preventiva (con CD). Alix Zorrillo

CREATIVIDAD

LA ALEGRÍA DE CREAR
Estrategias para enriquecer la vida escolar con actividades creativas
Blanca Isabel Triana de R.

CONSTRUYENDO IMAGINARIOS
Talleres creativos
Julia Pacheco - Mary Luz Pacheco

ESTRATEGIAS PARA IMPLEMENTAR LA CREATIVIDAD
Sandra Florián Borbón

EXPRESIÓN ARTÍSTICA

DE QUÉ SE RÍE
Doscientos y pico de chistes
Nydia Cortés P. - J. Vicente Joven N.

EL ARTE TEATRAL EN LA ESCUELA.
Fredy Oswaldo González

HUMOR CRÍTICO.
David Enrique Martínez

TEATRO

LOS MUCHACHOS EN LA ESCENA
Una propuesta artística teatral
José Agustín Pulido

ATRAPADO ENTRE
DOS ETERNIDADES
Teatro juvenil.
El arte donde se divierten
 los ojos de dioses y mortales
Germán Garzón

EL ÁNGEL AZUL
Teatro de la memoria
Juan Monsalve Pino

TEATRO INFANTIL
Heladio Moreno M.

TEATRO JUVENIL
Heladio Moreno M.

TEATRO PARA
ACTOS CULTURALES
Heladio Moreno M.

TEATRO DE LAS SONRISAS
Teatro clásico e histórico
Heladio Moreno M.

TEATRO FILOSÓFICO
E HISTÓRICO.
Sentencia de Oráculo
Martín Zawady

TRABAJO EN GRUPO

EDUCACIÓN PARTICIPATIVA
El método del trabajo en grupos
Kenneth Delgado Santa-Gadea

www.ingramcontent.com/pod-product-compliance
Lightning Source LLC
La Vergne TN
LVHW062202190726

843495LV00009B/1526